Reiser | Für immer und dich

Rio Reiser
Für immer und dich

Songtexte

Ausgewählt und mit einem Geleitwort
von Gert C. Möbius

Mit einem Nachwort von Oliver Kobold

Reclam

RECLAMS UNIVERSAL-BIBLIOTHEK Nr. 14573
2024 Philipp Reclam jun. Verlag GmbH,
Siemensstraße 32, 71254 Ditzingen
info@reclam.de

Gestaltung: Cornelia Feyll, Friedrich Forssman
Druck und Bindung: Elanders Waiblingen GmbH,
Anton-Schmidt-Straße 15, 71332 Waiblingen
Printed in Germany 2025
RECLAM, UNIVERSAL-BIBLIOTHEK und
RECLAMS UNIVERSAL-BIBLIOTHEK sind eingetragene Marken
der Philipp Reclam jun. GmbH & Co. KG, Stuttgart
ISBN 978-3-15-014573-9
reclam.de

Inhalt

Lieder und Texte

Warum geht es mir so dreckig? (1971)

Keine Macht für Niemand (1972)

Wenn die Nacht am tiefsten … (1975)

Blinder Passagier (1987)

*** (1990)

Durch die Wand (1991)

Über alles (1993)

Himmel & Hölle (1995)

Unveröffentlichtes

Zu dieser Ausgabe

Warum geht es mir so dreckig? (1971)

Mein Name ist Mensch
Alles verändert sich

Asphaltcowboy
(entstanden Ende der 1960er Jahre; veröffentlicht auf *Blackbox*, 2016)

Mein Name ist Mensch

Ich habe viele Väter
Und ich habe viele Mütter
Ich habe viele Schwestern
Und ich habe viele Brüder
Meine Väter sind schwarz
Und meine Mütter sind gelb
Meine Brüder sind rot
Und meine Schwestern sind hell

Ich bin über zehntausend Jahre alt
Und mein Name ist Mensch
Und ich bin über zehntausend Jahre alt
Und mein Name ist Mensch

Ich lebe von Licht
Und ich lebe von Luft
Und ich lebe von Liebe
Und ich lebe von Brot
Ich habe zwei Augen
Und kann alles sehn
Ich habe zwei Ohren
Und kann alles verstehn

Ich bin über zehntausend Jahre alt
Und mein Name ist Mensch

Wir haben einen Feind
Er nimmt uns den Tag
Er lebt von unsrer Arbeit

Und er lebt von unsrer Kraft
Er hat zwei Augen
Und er will nicht sehn
Und er hat zwei Ohrn
Und will nicht verstehn

Er ist über zehntausend Jahre alt
Und hat viele Namen

Ich weiß, wir werden kämpfen
Und ich weiß, wir werden siegen
Ich weiß, wir werden leben
Und wir werden uns lieben
Der Planet Erde
Wird uns allen gehörn
Und jeder wird haben, was er braucht

Es wird keine zehntausend Jahre mehr dauern
Denn die Zeit ist reif
Nein, es wird keine zehntausend Jahre mehr dauern
Denn die Zeit ist reif

Alles verändert sich

Es gibt keine Liebe
Wenn wir sie nicht wolln
Es gibt keine Sonne
Wenn wir sie nicht sehn
Es gibt keine Wahrheit
Wenn wir sie nicht suchen
Es gibt keinen Frieden
Wenn wir ihn nicht wollen

Alles verändert sich
Wenn du es veränderst
Doch du kannst nicht gewinnen
Solange du allein bist

Ein Baum kann nicht blühen
Wenn keine Sonne scheint
Und es gibt keinen Fluss
Wenn kein Regen fällt
Und es gibt keine Wahrheit
Wenn wir sie nicht suchen
Und es gibt keine Freiheit
Wenn wir sie nicht nehmen

Alles verändert sich
Wenn du es veränderst
Doch du kannst nicht gewinnen
Solange du allein bist

Asphaltcowboy

Du bist 'n Engel in der Hölle
Du bist vom selben Baum wie ich
Ich bin tot, wenn ich nicht liebe
Und wenn ich lebe, dann für dich

Nee, ich will nicht bei dir schlafen
Ich will wach sein, die ganze Nacht
Und ich will dich nicht verführn, Asphaltcowboy
Du wirst schon wissen, was du machst

Ich bin nicht krank, wenn ich dich liebe
Du bist nicht krank, wenn du mich liebst
Aber ich werd krank, wenn du nicht hier bist
Weil du vergessen willst, dass es dich gibt

Ja, ich bin vom andern Ufer
Und der Fluss ist unsre Angst
Lass deine Sonne scheinen, Asphaltcowboy
Und der Fluss wird festes Land

Nee, ich will nicht bei dir schlafen
Ich will wach sein, die ganze Nacht
Und ich will dich nicht verführn, Asphaltcowboy
Du wirst schon wissen, was du machst

Keine Macht für Niemand (1972)

Feierabend

Allein machen sie dich ein

Schritt für Schritt ins Paradies

Der Traum ist aus

Rauch-Haus-Song

Keine Macht für Niemand

Komm schlaf bei mir

Feierabend

Acht Stunden Arbeit sind vorbei
Es sieht ganz so aus, als wärst du frei
Kannst dich vollaufen lassen, kannst ins Kino gehen
Und du kannst dein Geld im Puff ausgeben
Es ist Feierabend, und die Arbeit ist vorbei
Rück den Kies raus, Junge, und du bist dabei

Hast 'ne Pause verdient, aber mehr auch nicht
Morgen geht's weiter, warte nicht
Spring mitten rein ins süße Leben
Du brauchst dein Geld nicht der Heilsarmee geben
Es ist Feierabend, und die Arbeit ist vorbei
Heut ist Tanz auf dem Vulkan, und du bist dabei

Besuch doch heut Abend deinen Chef
Und fahr mit seinem Mercedes weg
Gib ihm doch endlich seinen Lohn
Mach dich auf die Socken, er wartet schon
Es ist Zahltag, Junge, und die Arbeit ist vorbei
Tu, was du tun willst, und du bist frei

Allein machen sie dich ein

Allein machen sie dich ein
Schmeißen sie dich raus
Lachen sie dich aus
Und wenn du was dagegen machst
Sperrn sie dich in den nächsten Knast
Und alles, was du da noch sagen kannst
Ist: Das ist aber 'n ganz schöner Hammer
– Ey Mann

Zu zweit, zu dritt, zu viern
Wird auch nichts andres passiern
Sie werden ihre Knüppel holn
Und uns ganz schön das Kreuz versohln
Und alles, was du da noch sagen kannst
Ist: Das ist aber 'n ganz schöner Hammer
– Ey Mann

Zu hundert oder tausend
Kriegen sie langsam Ohrensausen
Sie werden zwar sagen: Das ist nicht viel
Aber tausend sind auch kein Pappenstiel
Und was nicht ist, das kann noch werden
Wir können uns ganz schnell vermehren

In dem Land, in dem wir wohnen
Sind aber 'n paar Millionen
Wenn wir uns erst mal einig sind
Weht, glaube ich, 'n ganz anderer Wind
Dann werden se nicht mehr lachen

Sondern sich auf die Socken machen
Auf die Bahamas oder ins Tessin
Der Teufel weiß am besten, wohin
Und du weißt, das wird passiern
Wenn wir uns organisiern

Schritt für Schritt ins Paradies

Du hörst mich singen
Aber du kennst mich nicht
Du weißt nicht, für wen ich singe
Aber ich sing für dich
Wer wird die neue Welt bauen
Wenn nicht du und ich
Und wenn du mich jetzt verstehn willst
Dann verstehst du mich

Ich bin aufgewacht und hab gesehn
Woher wir kommen, wohin wir gehn
Und der lange Weg, der vor uns liegt
Führt Schritt für Schritt ins Paradies

Ich hab lang gewartet
Und nachgedacht
Hatte viele Träume
Und jetzt bin ich wach
Wenn wir suchen
Finden wir das neue Land
Uns trennt nichts vom Paradies
Außer unsre Angst

Ich bin aufgewacht und hab gesehn
Woher wir kommen, wohin wir gehn
Und der lange Weg, der vor uns liegt
Führt Schritt für Schritt ins Paradies

Der lange Weg, der vor uns liegt
Führt Schritt für Schritt ins Paradies

Der Traum ist aus

Ich hab geträumt
Der Winter wär vorbei
Du warst hier
Und wir warn frei
Und die Morgensonne schien
Es gab keine Angst
Und nichts zu verliern
Es war Friede bei den Menschen
Und unter den Tiern
Das war das Paradies

Der Traum ist aus
Der Traum ist aus
Aber ich werde alles geben
Dass er Wirklichkeit wird

Ich hab geträumt
Der Krieg wär vorbei
Du warst hier
Und wir warn frei
Und die Morgensonne schien
Alle Türen waren offen
Die Gefängnisse leer
Es gab keine Waffen
Und keine Kriege mehr
Das war das Paradies

Der Traum ist aus
Der Traum ist aus
Aber ich werde alles geben
Dass er Wirklichkeit wird

Gibt es ein Land auf der Erde
Wo der Traum Wirklichkeit ist
Ich weiß es wirklich nicht
Ich weiß nur eins
Und da bin ich sicher
Dieses Land ist es nicht

Der Traum ist 'n Traum
Zu dieser Zeit
Doch nicht mehr lange
Mach dich bereit
Für den Kampf ums Paradies
Wir haben nichts zu verliern
Außer unsre Angst
Es ist unsre Zukunft
Unser Land
Gib mir deine Liebe
Gib mir deine Hand

Der Traum ist aus
Der Traum ist aus
Aber ich werde alles geben
Dass er Wirklichkeit wird

Rauch-Haus-Song

Der Mariannenplatz war blau
So viel Bullen warn da
Und Mensch Meier musste heulen
Das war wohl das Tränengas
Und er fragte irgendeinen:
»Sag mal, is hier heut 'n Fest?«
»So was Ähnliches«, sagte einer
»Das Bethanien wird besetzt«
»Wird auch Zeit«, sagte Mensch Meier
»Stand ja lange genug leer
Ach, wie schön wär doch das Leben
Gäb es keine Pollies mehr«
Doch der Einsatzleiter brüllte:
»Räumt den Mariannenplatz
Damit meine Knüppelgarde
Genug Platz zum Knüppeln hat!«

Doch die Leute im besetzten Haus
Riefen: »Ihr kriegt uns hier nicht raus!
Das ist unser Haus – schmeißt doch endlich
Schmidt und Press und Mosch aus Kreuzberg raus!«

Der Senator war stinksauer
Die CDU war schwer empört
Dass die Typen sich jetzt nehmen
Was ihnen sowieso gehört
Aber um der Welt zu zeigen
Wie großzügig sie sind
Sagten sie: »Wir räumen später

Lassen sie erst mal drin.«
Und vier Monate später stand in
Springers heißem Blatt
Das Georg-von-Rauch-Haus
Hat eine Bombenwerkstatt
Und die deutlichen Beweise
Sind zehn leere Flaschen Wein
Und zehn leere Flaschen können schnell
Zehn Mollies sein

Doch die Leute im Rauch-Haus
Riefen: »Ihr kriegt uns hier nicht raus!
Das ist unser Haus – schmeißt doch endlich
Schmidt und Press und Mosch aus Kreuzberg raus!«

Letzten Montag traf Mensch Meier
In der U-Bahn seinen Sohn
Der sagt: »Die wolln das Rauch-Haus räumen
Ich muss wohl wieder zu Hause wohn!«
»Is ja irre«, sagt Mensch Meier
»Sind wir wieder einer mehr
In unsrer Zwei-Zimmer-Luxuswohnung
Und das Bethanien steht wieder leer!
Sag mir eins: Ham die da oben
Stroh oder Scheiße in ihrem Kopf?
Die wohn in den schärfsten Villen
Unsereins im letzten Loch!
Wenn die das Rauch-Haus wirklich räumen
Bin ich aber mit dabei
Und hau den ersten Bullen
Die da auftauchen
Ihre Köppe ein!«

Und ich schrei's laut:
»Ihr kriegt uns hier nicht raus!
Das ist unser Haus – schmeißt doch endlich
Schmidt und Press und Mosch aus Kreuzberg raus!«

Und wir schreien's laut:
»Ihr kriegt uns hier nicht raus!
Das ist unser Haus – schmeißt doch endlich
Schmidt und Press und Mosch aus Kreuzberg raus!«

Keine Macht für Niemand

Ich bin nicht frei
Und ich kann nur wähln
Welche Diebe mich bestehln
Welche Mörder mir befehln
Ich bin tausendmal verblutet
Und sie haben mich vergessen
Ich bin tausendmal verhungert
Und sie warn vollgefressen

Im Süden, im Westen
Im Osten, im Norden
Es sind überall dieselben
Die uns ermorden
In jeder Stadt
Und in jedem Land
Schreibt die Parole
An jede Wand
Schreibt die Parole
An jede Wand
Keine Macht für Niemand

Reißen wir die Mauern ein
Die uns trennen
Kommt zusammen, Leute
Lernt euch kennen
Du bist nicht besser
Als der neben dir
Keiner hat das Recht
Menschen zu regiern

Im Süden, im Osten
Im Norden, im Westen
Es sind überall dieselben
Die uns erpressen
In jeder Stadt
Und in jedem Land
Heißt die Parole
Von unserm Kampf
Heißt die Parole
Von unserm Kampf
Keine Macht für Niemand

Komm rüber, Bruder
Reih dich ein
Komm rüber, Schwester
Du bist nicht allein
Komm rüber, Mutter
Wir sind auf deiner Seite
Komm rüber, Alter
Wir wolln das Gleiche

In Augsburg, München
Frankfurt, Saarbrücken
Es sind überall dieselben
Die uns unterdrücken
In jeder Stadt
Und in jedem Land
Mach 'ne Faust
Aus deiner Hand
Mach 'ne Faust
Aus deiner Hand

Keine Macht für Niemand
Wir brauchen keine Chefs
Wir brauchen keine Funktionäre
Keine Macht für Niemand

Komm schlaf bei mir

Die Sonne kommt
Und du bist hier
Ich kann dich fühln
Ich bin ein Teil von dir
Weißt du jetzt, dass du frei bist
Weißt du jetzt, wer du bist
Weißt du jetzt, was du tun willst
Ich bin nicht unter dir
Ich bin nicht über dir
Ich bin neben dir

Komm, schlaf bei mir
Komm, schlaf bei mir
Schlaf bei mir

Ich hab Zeit
Denn ich liebe dich
Ich hab Kraft
Denn ich liebe dich
Du machst mich stark
Du gibst mir Kraft
Du machst mich groß
Jetzt erst weiß ich sicher
Wofür ich geboren bin

Komm, schlaf bei mir
Komm, schlaf bei mir
Komm, schlaf bei mir
Komm, schlaf bei mir
Schlaf bei mir

Wenn die Nacht am tiefsten ... (1975)

Heut Nacht
Durch die Wüste
Halt dich an deiner Liebe fest
Wenn die Nacht am tiefsten ...
Land in Sicht

Ich will ich sein
(entstanden 1976; veröffentlicht auf *In Berlin 1984*, 1985)

Heut Nacht

Die Nacht ist so heiß
Und die Leuchtreklamen blühn
Die Luft ist dick und staubig
Schmeckt nach Frühling und Benzin
Die Woche war hart
Aber heute gab's Moos
Und in jeder Kneipe
Ist der Teufel los
Und ich mach mich klar
Reit ab in die Stadt
Such nach jemand
Der dieselbe Sehnsucht hat
Heut Nacht
Heut Nacht
Heut Nacht
Heut Nacht
Lass uns durchbrechen, was uns trennt
Lass uns wecken, was noch pennt
Heut Nacht

Die Nacht vergeht so schnell
Und der Montag wartet nicht
Lass deine tausend Augen leuchten
Zeig mir dein wirkliches Gesicht
Nee, ich will dich nicht ketten
Will keinen kurzen Fick
Will nicht Chef sein und nicht Sklave
Ich such 'n andres Glück
Sprichst du meine Sprache

Kannst du mich verstehn
Unsre wilden Träume warten
Lass sie uns fangen gehn
Heut Nacht
Heut Nacht
Heut Nacht
Heut Nacht
Lass uns durchbrechen, was uns trennt
Lass uns wecken, was noch pennt
Heut Nacht

Nee, ich will dich nicht ketten
Will keinen kurzen Fick
Will nicht Chef sein und nicht Sklave
Ich such 'n andres Glück
Sprichst du meine Sprache
Willst du mich verstehn
Unsre wilden Träume warten
Lass sie uns fangen gehn
Heut Nacht
Heut Nacht
Heut Nacht
Heut Nacht
Lass uns durchbrechen, was uns trennt
Lass uns wecken, was noch pennt
Heut Nacht

Durch die Wüste

Ich komm aus der Wüste aus Stahl und Glas
Ich komm aus der Wüste aus Angst und Hass
Wo die Menschen verdursten auf der Suche nach Liebe
Krank vor Verzweiflung und vom Warten müde

Ich komm aus dem Land der vergifteten Straßen
Wo man den Tag verkaufen muss, um sorglos zu schlafen
Wo das Leben schneller ist, als ein Herz schlagen kann
Und tausend Lügner sprechen, bevor einer die Wahrheit sagen kann

Ich komm vom Planeten der verzweifelten Götter
Ich komm vom Planeten der reichen Bettler
Wo die Liebe verkauft wird und der Hass verschenkt
Wo man die Mörder belohnt und die Heiligen hängt

Hilf mir
Hilf mir
Zeig mir den Weg hier raus
Lass mich nicht hängen
Gib mir 'ne Antwort
Zeig mir den Weg hier raus
Hilf mir

Halt dich an deiner Liebe fest

Wenn niemand bei dir ist
Und du denkst, dass keiner dich sucht
Und du hast die Reise ins Jenseits
Vielleicht schon gebucht
Und all die Lügen
Geben dir den Rest
Halt dich an deiner Liebe fest

Wenn der Frühling kommt
Und deine Seele brennt
Du wachst nachts auf aus deinen Träumen
Aber da ist niemand, der bei dir pennt
Wenn der, auf den du wartest
Dich sitzen lässt
Halt dich an deiner Liebe fest

Wenn der Novemberwind
Deine Hoffnung verweht
Und du bist so müde
Weil du nicht mehr weißt, wie's weitergeht
Wenn dein kaltes Bett
Dich nicht schlafen lässt
Halt dich an deiner Liebe fest

Wenn die Nacht am tiefsten …

Ich war oft am Ende
Fertig und allein
Alles, was ich gehört hab
War: Lass es sein
So viel Kraft hast du nicht
So viel kannst du nicht geben
Geh den Weg, den alle gehn
Du hast nur ein Leben
Doch ich will diesen Weg zu Ende gehn
Und ich weiß, wir werden die Sonne sehn
Wenn die Nacht am tiefsten ist, ist der Tag am nächsten

Manchmal bin ich kalt und schwer
Wie ein Sack mit Steinen
Kann nicht lachen
Und auch nicht weinen
Seh keine Sonne
Seh keine Sterne
Und das Land, das wir suchen
Liegt in weiter Ferne
Doch ich will diesen Weg zu Ende gehn
Und ich weiß, wir werden die Sonne sehn
Wenn die Nacht am tiefsten ist, ist der Tag am nächsten

Doch wir werden diesen Weg zu Ende gehn
Und ich weiß, wir werden die Sonne sehn
Wenn die Nacht am tiefsten ist, ist der Tag am nächsten

Land in Sicht

Land in Sicht
Singt der Wind in mein Herz
Die lange Reise ist vorbei
Morgenlicht
Weckt meine Seele auf
Ich lebe wieder und bin frei

Und die Tränen von gestern wird die Sonne trocknen
Die Spurn der Verzweiflung wird der Wind verwehn
Die durstigen Lippen wird der Regen trösten
Und die längst verlorn Geglaubten
Werden von den Toten auferstehn

Ich seh
Die Wälder meiner Sehnsucht
Den weiten sonnengelben Strand
Der Himmel
Leuchtet wie Unendlichkeit
Die bösen Träume sind verbrannt

Und die Tränen von gestern wird die Sonne trocknen
Die Spurn der Verzweiflung wird der Wind verwehn
Die durstigen Lippen wird der Regen trösten
Und die längst verlorn Geglaubten
Werden von den Toten auferstehn

Ich will ich sein

Ich will ich sein
Anders kann ich nicht sein
Ich will nicht sein wie der und der
Ich will sagen, was ich denke

Ich will ich sein
Anders kann ich nicht sein
Ich will ich sein
Anders kann ich nicht sein

Ich will nicht nur sehn, was alle sehn
Will nicht nur gehn, wohin alle gehen
Will nicht nur lachen, wenn alle lachen
Will nicht nur machen, was alle machen

Ich will singen, was ich singen will
Und will sagen, was ich sagen will
Ich will leben, wie ich leben will
Und will lieben, wen ich lieben will

Ich will nicht getreten werden, und ich will nicht treten
Und ich will auch nicht das goldne Kalb anbeten

Ich will ich sein
Anders kann ich nicht sein
Ich will nicht sein wie der und der
Ich will sagen, was ich denke

Ich will ich sein
Anders kann ich nicht sein
Ich will ich sein
Anders kann ich nicht sein

Ich will nicht rennen, wenn alle rennen
Ich will nicht pennen, wenn alle pennen
Ich will nicht schweigen, weil alle schweigen
Will mich nicht beugen, weil sich alle beugen

Ich will mich nicht bücken vor den weißen Kragen
Und ich will 'ne Antwort auf meine Fragen
Und ich will nicht folgen, weil sie es befehln
Und wenn ich wähle, will ich mich selber wähln

Ich will kein Herr sein und kein Knecht
Das ist mein Wille und mein Recht

Ich will ich sein
Anders kann ich nicht sein
Ich will nicht sein wie der und der
Ich will sagen, was ich denke

Ich will ich sein
Anders kann ich nicht sein
Ich will ich sein
Anders kann ich nicht sein

Ich will ich sein
Will wie ich sein
Ich will ich sein

Will nur wie ich sein
Genau wie ich sein
Ich weiß zwar nicht genau, wie das geht
Aber ich will ich sein
Will wie ich sein
Genau wie ich sein
Will nur ich sein
Ich will ich sein

IV (1981)

Jenseits von Eden

Bleib wo du bist

Der Turm stürzt ein

Frühlingssturm
(entstanden 1981; veröffentlicht auf *Am Piano I*, 1998)

Jenseits von Eden

Heiß, heiß, kochend heiß
Heiß, heiß, hundert Grad
Heiß, heiß, glühend heiß
Heiß, heiß, blühend weiß
Jenseits von Eden
Euphrat und Tigris
Allah wollte es so
Sechshundertsechsundsechzig
Schütze uns vor gestern
Eins neun dreiunddreißig
In 3D und Farbe
Dann ist Sendepause
Das war der Wilde Westen
Hält Gott die Zehn Gebote
Ich will nicht
Dass du in Schwarz gehst
Weil ich tot bin
Wo warst du im Krieg
Weißt du, was ich meine
Du warst auf der Suche
Ich war auf der Flucht
Hörst du die Räder rolln
Durchsichtig und klar
Irgendwann in der Nacht
In Musik gebadet
Jede Blume hat ihren Schatten
Zweitausend Lieder
Zweitausend Tode

Mamamama – warum hast du mich geborn
Oder hat mich der Esel im Galopp verlorn
Ach – ich spring ins Leere
Halleluja, Schwestern
Ich hab den Text vergessen
Ich bin mein Fragezeichen
Doch ich komm morgen wieder
Gib mir deinen Segen
Liebe – was ist das
Das ist das Leben in der Stadt
Was soll daran schlecht sein
Liebe kommt von unten
Liebe hat schwache Worte
Ach – ich bin so müde
Ich geh hier nicht weg
Geh zurück ins Meer
Such mir meinen Engel
Wer ist hinterm Spiegel

Bleib wo du bist

Du – noch nicht verfrorn
Noch nicht verlorn
Noch ungeborn
So schläfst du durch die Finsternis
Wie ein Stern oder ein Engel
Schwimmst in unendlicher Musik
In rosahimmelblauer Stille

Frei und ahnungslos
Sicher im Schoß
Und ahnungslos
Über weiche Wiesen tanzt du
Die Welt ist noch so weit
Treibst sorglos in die Zukunft
Und weißt nichts von Vergangenheit

Am Ende des Tunnels lockt dich das Licht
Aber hier draußen gibt's kein Zurück
Keine Gnade
Keine Gnade

Hier – was wirst du sehn
Was wird geschehn
Wenn sie dich sehn

Du – noch nicht verfrorn
Noch nicht verlorn
Noch ungeborn

Und ahnungslos
Sicher im Schoß
Was wird geschehn
Wenn sie dich sehn

Bleib – wo du bist

Der Turm stürzt ein

Auf den Asphaltfeldern grasen
Goldne Kälberherden Tag und Nacht
Über ihnen Wolkenkratzer
Wo die Computer schmatzen – ach
Wo ist noch Platz für mich
Oder ein Dach für dich
Hörst du es flüstern im Land
Dracula sucht einen Sarg
Helmut kauft sich Koks im Park
Siehst du die Schrift an der Wand

Der Turm stürzt ein
Der Turm stürzt ein
Halleluja
Der Turm stürzt ein

Der Pepsodent von Ju-Es-Ah
Ist 'n cooler Loser seiner Macht
Glänzend, doch schon rostzerfressen
Fliegt er durch den Wilden Westen – ach
Wo ist noch Platz für mich
Oder ein Dach für dich
Hörst du es flüstern im Land
Old Shatterhand und Nietzsche tot
Im Kaufhof klaut sich Gott sein Brot
Siehst du die Schrift an der Wand

Der Turm stürzt ein
Der Turm stürzt ein
Halleluja
Der Turm stürzt ein

Russe in Beton und Stahl
Müde alles Matrial
Hörst du das Flüstern im Land
Jesus kommt trotz Pillenknick
Flöte hat mit Faust gekickt
Die Postbeamten tragen Schwarz
'ne Tonne Öl kost tausend Mark
Siehst du die Schrift an der Wand

Der Turm stürzt ein
Der Turm stürzt ein
Halleluja
Der Turm stürzt ein

Frühlingssturm

Ich bin der Nachtwind
Hörst du mich
Ich trage die Fahne
Ich frage nicht
Ahne den Morgen
Der schmale Streifen am Horizont
Zeigt mir den Weg

Ich bin der Morgenstern
Siehst du mich
Ich küsse die Schlafenden
Ich frage nicht
Suche die Blumen
Der winzige Tropfen Silbertau
Zeigt mir den Weg

Ich bin die Sonne
Fühlst du mich
Ich trockne die Tränen
Ich frage nicht
Wecke das Leben
Die kleine Knospe am Apfelbaum
Zeigt mir den Weg

Ich bin der Frühlingssturm
Kennst du mich
Ich bringe den Regen
Ich frage nicht
Trage die Wünsche
Die vergrabene Hoffnung in deinem Herzen
Zeigt mir den Weg

Scherben (1983)

Wo sind wir jetzt

Lass uns 'n Wunder sein

Mole Hill Rockers

Bist du's

Sei mein Freund
(entstanden 1982; veröffentlicht auf *Am Piano I*, 1998)

Ich bin müde
(entstanden 1983; veröffentlicht auf *Am Piano II*, 1999)

Herzverloren
(entstanden 1985; veröffentlicht auf *Familienalbum – Eine Hommage*, 2003)

Wo sind wir jetzt

Ihr macht mich kalt, ihr macht mich kalt
Ich fühl, ich fühl mich – tausend Jahre alt

Ihr macht mich leer, ihr macht mich leer
Ich fühl, ich fühl mich – tausend Tonnen schwer

Keine Zeit für mich, keine Zeit für mich
Ich such den Anfang – aber die Tür ist dicht

Ich hör große Worte, ich hör große Worte
Aber ich weiß – da ist 'ne Bombe in der Torte

Wo sind wir jetzt
Seele versetzt
Herzen verkauft
Ich halt's nicht mehr aus
Oh, ich halt's nicht mehr aus

Ich weiß nicht, warum, ich weiß nicht, warum
Ich hör tausend Stimmen – aber alle sind stumm

Frag mich nicht, wann, frag mich nicht, wann
Der Countdown läuft – und das Licht ist nicht an

Wo sind wir jetzt
Seele versetzt
Herzen verkauft
Ich halt's nicht mehr aus
Oh, ich halt's nicht mehr aus

Ihr macht mich kalt, ihr macht mich kalt
Ich fühl, ich fühl mich – tausend Jahre alt

Ihr macht mich leer, ihr macht mich leer
Ich fühl, ich fühl mich – tausend Tonnen schwer

Wo sind wir jetzt
Seele versetzt
Herzen verkauft
Ich halt's nicht mehr aus
Oh, ich halt's nicht mehr aus

Lass uns 'n Wunder sein

Ich will nicht
Dass du mir gehörst
Mich bedienst oder verehrst
Dass du immer an mich denkst
Wie 'n Schmuckstück an mir hängst
Und die Mäuse für mich fängst
Mir dein ganzes Leben schenkst

Lass uns 'n Wunder sein
'n wunderbares Wunder sein
Nicht nur du und ich allein
Könnte das nicht schön sein

Lass uns 'n Wunder sein
'n wunderbares Wunder sein
Nicht nur du und ich allein
Könnte das nicht wunderbar sein

Ich will dich
Aber nicht bekehrn
Dich erziehn oder belehrn
Dass du mit niemand anderm pennst
Wenn ich nicht bei dir bin, flennst
Deine Freunde nicht mehr kennst
Und wenn ich dich rufe, rennst

Lass uns 'n Wunder sein
'n wunderbares Wunder sein

Nicht nur du und ich allein
Könnte das nicht schön sein

Lass uns 'n Wunder sein
'n wunderbares Wunder sein
Nicht nur du und ich allein
Könnte das nicht wunderbar sein

Lehn mich an dich
Bevor wir erfriern
Bevor wir versteinern
Oder die Spur verliern
Lehn mich an dich
Bei Tag oder Nacht
Wenn du nicht schlafen kannst
Bleib ich mit dir wach

Ich werd da sein
Wenn du mich rufst
Ich werd dich finden
Wenn du mich suchst

Lass uns 'n Wunder sein
'n wunderbares Wunder sein
Nicht nur du und ich allein
Könnte das nicht schön sein

Lass uns 'n Wunder sein
'n wunderbares Wunder sein
Nicht nur du und ich allein
Könnte das nicht wunderbar sein

Mole Hill Rockers

Ich hab jede Menge Zeit
Ich hab 'n Wecker, der nicht richtig tickt
Auf mich wartet keine Arbeit
Keine Stechuhr und kein Meister
Der mich Brötchen holen schickt

Ich bin einer von vielen
Arbeitslos
Und ich kann mir zwar 'ne Arbeit suchen
Doch meine Chancen sind nicht eben groß
Und ich will auch nicht irgendwas machen
Könnt ihr das nicht verstehn
Ich will 'n Job haben, der mir Spaß macht
Und ich will was dafür sehn

Bist du's

Durch den Sturm
Hör ich
Weit weg
Weit, weit
Eine Stimme
Deine Stimme
Hörst du mich

Durch den Nebel
Seh ich
Weit weg
Weit, weit
Einen Schatten
Deinen Schatten
Siehst du mich

Was 'n Wetter
Was 'ne Zeit
's ist finster
Weit und breit

Was 'n Wetter
Was 'ne Zeit
's ist finster
Weit und breit

Was 'n Wetter
Was 'ne Nacht
Ist da
Noch jemand wach
Bist du's

Durch den Regen
Spür ich
Ganz nah
Nah, nah
Ein Gesicht
Dein Gesicht
Halt mich fest

Was 'n Wetter
Was 'ne Zeit
's ist finster
Weit und breit

Was 'n Wetter
Was 'ne Zeit
's ist finster
Weit und breit

Was 'n Wetter
Was 'ne Nacht
Ist da
Noch jemand wach
Bist du's

Sei mein Freund

Mein Freund
Sei mein Freund
Sei mein Freund
Mein Freund

Lieb mich
Wie ich bin
Wie ich bin
Ich bin

Sag mir, wovor du Angst hast
Sag mir, wer hat dir wehgetan

Mein Freund
Sei mein Freund
Sei mein Freund
Mein Freund

Bleib hier
Bleib bei mir
Bleib hier
Bleib bei mir

Geh fort
Wenn du willst
Aber
Komm zurück

Sag mir, warum du Angst hast
Sag mir, warum du traurig bist

Mein Freund
Sei mein Freund
Sei mein Freund
Mein Freund

Gib mir
Was du willst
Gib mir
Was du willst

Nimm mich
Wie ich dich
Nimm mich
Wie ich dich

Lass uns die Worte vergessen
Lass sie mit dem welken Tag verwehn

Mein Freund
Sei mein Freund
Sei mein Freund
Mein Freund

Ich bin müde

Du bist zu warm, ich bin zu kalt
Du bist zu jung, ich bin zu alt
Du bist zu arm, ich bin zu reich
Du bist zu hart, ich bin zu weich

Du bist zu high, ich bin zu down
Du bist zu ernst, ich bin 'n Clown
Ich bring dich runter, du bringst mich rauf
Ich mach nicht weiter, aber du gibst nicht auf

Alles Schutt und Asche
Alles Rauch und Staub
Alles Trick und Masche
Alles welkes Laub
Ich bin müde

Du denkst nach vorne, ich denk zurück
Ich zieh das Pech an, du hast nur Glück
Du bist der Größte, ich bin bankrott
Ich bin 'n Teufel, du bist 'n Gott
Du bringst das Geld rein, ich schmeiß es raus
Du gehst durchs Feuer, ich geh nach Haus

Alles Schutt und Asche
Alles Rauch und Staub
Alles Trick und Masche
Alles welkes Laub
Ich bin müde

Du kennst die Wahrheit, ich nicht mal dich
Du bist die Liebe, ich lieb nur mich
Ich bin verkrampft, du bist so frei
Du kommst 14.30, ich um halb drei

Alles Schutt und Asche
Alles welkes Laub
Alles Trick und Masche
Alles Rauch und Staub
Ich bin müde

Herzverloren

Ich kann mein Herz nicht finden
Ich hab's wohl irgendwo verlorn
Vielleicht hast du's gefunden
Ich fühl mich schon wie halb erfrorn
Mit mir ist gestern etwas geschehn
Ich kann nicht sagen, was es ist
Vielleicht kannst du's verstehn
Ich hab mein Herz verlorn
Es war heute Nacht
Ich hab mein Herz verlorn
Es war heute Nacht bei dir

Ich hab mein Herz verlorn
Ich merk erst jetzt, dass es mir fehlt
Aber wenn du es findest
Wär's nicht so schlimm, wenn du's behältst
Ich war im Fundbüro, war auf dem Revier
War in der ganzen Stadt
Ich war nur nicht noch mal bei dir
Ich hab mein Herz verlorn
Es war heute Nacht
Ich hab mein Herz verlorn
Es war heute Nacht bei dir

Bist du allein zu Haus, kann ich dich sehn
Wolln wir zusammen vielleicht
Noch mal durch die Wolken gehen
Ich hab mein Herz verlorn
Es war heute Nacht
Ich hab mein Herz verlorn
Aber vielleicht schenkst du mir deins

Rio I. (1986)

Alles Lüge
Für immer und dich
Menschenfresser
Junimond
König von Deutschland
Lass mich los
So allein
Ich leb doch
Bei Nacht

(Ich bin irgendwo) Zwischen Null und Zero
(B-Seite der Single »Alles Lüge«, 1986)

Alles Lüge

Es ist wahr, dass das Jahr über dreihundert Tage
In nur zweiundfünfzig Wochen schafft
Es ist wahr, es ist wahr, dass das Ausland
Viel mehr Ausländer als Deutsche hat
Es ist wahr, dass die Sonne nicht um die Erde
Und der Mond nicht um 'nen Fußball kreist
Es ist wahr, dass der Gründer von New York
Nicht Kamel oder Camel, sondern Stuyvesant heißt

Das ist wahr
Das ist wahr
Aber sonst
Aber sonst
Alles Lüge

Es ist wahr, es ist wahr, die meisten Menschen
Wolln nicht in Dortmund leben, sondern essen
Es ist wahr, es ist wahr, dass die Kühe
Das Gras nicht rauchen, sondern fressen
Es ist wahr, es ist wahr, dass Hamburg
Nicht die Hauptstadt von McDonald's ist
Es ist wahr, es ist wahr, dass der Papst zwar die Pille nicht nimmt
Aber trotzdem keine Kinder kriegt

Das ist wahr
Das ist wahr
Aber sonst
Aber sonst
Alles Lüge

Selbst wenn du mich fragst, ob ich dich liebe,
und ich sag Ja
Weiß ich manchmal nicht genau, ist das nun
Lüge oder wahr
Weil ich oft gar nicht mehr weiß, was ist das: Liebe

Liebt der Papa sein Auto, liebt die Mama den Kaffee
Liebt das Baby seine Windeln, wie der Weihnachtsmann
den Schnee
Lieben Kinder Schokolade, wie die Hausfrau den Herd

Oder ist da mehr
Oder ist da mehr
Oder ist das
Oder ist das
Oder ist das
Oder ist das
Alles Lüge

Für immer und dich

Ich sing für dich, ich schrei für dich
Ich brenne und ich schnei für dich
Vergesse mich, erinner mich
Für dich und immer für dich
Für immer und dich

Ich lach für dich, wein für dich
Ich regne und ich schein für dich
Versetz die ganze Welt für dich
Für dich und immer für dich
Für immer und dich

Für dich und immer für dich
Egal, wie du mich nennst
Egal, wo du heut pennst
Ich hab so oft für dich gelogen
Und ich bieg den Regenbogen
Für dich und immer für dich
Für immer und dich

Ich rede für dich, schweig für dich
Ich gehe und ich bleib für dich
Ich streich den Himmel blau für dich
Für dich und immer für dich
Für immer und dich

Für dich und immer für dich
Egal, wie du mich nennst
Egal, wo du heut pennst
Ich hab so oft für dich gelogen
Und ich bieg den Regenbogen
Für dich und immer für dich
Für immer und dich

Ich sehe für dich, hör für dich
Ich lüge und ich schwör für dich
Ich hol den blauen Mond für dich
Für dich und immer für dich
Für immer und dich

Für dich und immer für dich
Egal, wie du mich nennst
Egal, wo du heut pennst
Ich hab so oft für dich gelogen
Und ich bieg dir noch 'n Regenbogen
Für immer und dich

Wo immer du bist

Menschenfresser

Menschenfresser sind auch Menschen
Doch nicht immer Männer
Menschenfressermenschen
Fressen Professorn und Penner
Menschenfressermenschen
Können Menschen gar nicht riechen
Menschenfressermenschen
Sehen Menschen gerne kriechen

Menschenfressermenschen
Haben auch ein Herz für Kinder
Menschenfressermenschen
Leben meistens viel gesünder
Menschenfressermenschen
Essen manchmal vegetarisch
Menschenfressermenschen
Sind nicht immer blond und arisch

Und wenn Menschenfresser weinen
Tut ihnen alles schrecklich leid
Doch sie können's ja nicht ändern
Es ist halt 'ne harte Zeit

Menschenfressermenschen
Sind normal und meist sehr fleißig
Menschenfressermenschen
Gibt's nicht erst seit '33
Menschenfressermenschen
Sind oft ganz, ganz liebe Väter

Menschenfressermenschen
Sind meist Überzeugungstäter

Menschenfressermenschen
Fressen Menschen selten selber
Menschenfressermenschen
Haben ihre tausend Helfer
Menschenfressermenschen
Dürfen niemals ruhn
Menschenfressermenschen
Haben schrecklich viel zu tun

Und wenn Menschenfresser weinen
Tut ihnen alles schrecklich leid
Doch sie können's ja nicht ändern
Es ist halt 'ne harte Zeit

Menschenfressermenschen
Können auch Tennis spieln und reiten
Menschenfressermenschen
Gibt's auf allen Seiten
Menschenfressermenschen
Kriegen Menschenfresserrenten
Menschenfressermenschen
Bringen's bis zum Präsidenten

Menschenfressermenschen
Geht's nicht immer nur ums Geld
Menschenfressermenschen
Gehört fast die ganze Welt
Menschenfressermenschen

Zeigen selten ihr Gesicht
Menschenfressermenschen
Wissen alles über dich

Menschenfressermenschen
Stehen neben dir am Tresen
Menschenfressermenschen
Sind es immer nicht gewesen
Menschenfressermenschen
Kriegen Menschenfresserrenten
Menschenfressermenschen
Bringen's bis zum Präsidenten

Menschenfresser sind auch Menschen
Doch nicht immer Männer
Menschenfressermenschen
Fressen Professorn und Penner
Menschenfressermenschen
Können Menschen gar nicht riechen
Menschenfressermenschen
Sehen Menschen gerne kriechen

Junimond

Die Welt schaut rauf zu meinem Fenster
Mit müden Augen, ganz staubig und scheu
Ich bin hier oben auf meiner Wolke
Ich seh dich kommen, aber du gehst vorbei

Doch jetzt tut's nicht mehr weh
Nee, jetzt tut's nicht mehr weh
Und alles bleibt stumm
Und kein Sturm kommt auf
Wenn ich dich seh

Es ist vorbei
Bye-bye
Junimond
Es ist vorbei
Es ist vorbei
Bye-bye

Zweitausend Stunden hab ich gewartet
Ich hab sie alle gezählt und verflucht
Ich hab getrunken, geraucht und gebetet
Hab dich flussauf- und flussabwärts gesucht

Doch jetzt tut's nicht mehr weh
Nee, jetzt tut's nicht mehr weh
Und mein Herz bleibt ganz kalt
Und kein Feuer brennt
Wenn ich dich seh

Es ist vorbei
Bye-bye
Junimond
Es ist vorbei
Es ist vorbei
Bye-bye

König von Deutschland

Jede Nacht um halb eins, wenn das Fernsehen rauscht
Leg ich mich aufs Bett und mal mir aus
Wie es wäre, wenn ich nicht der wäre, der ich bin
Sondern Kanzler, Kaiser, König oder Königin
Ich denk mir, was der Kohl da kann, das kann ich auch
Ich würd Vivaldi hörn tagein, tagaus
Ich käm viel rum, würd nach Ju-Es-Ah reisen
Ronny mal wie Waldi in die Waden beißen

Das alles und noch viel mehr
Würd ich machen
Wenn ich König von Deutschland wär

Ich würd die Krone täglich wechseln, würde zweimal baden
Würd die Lottozahlen eine Woche vorher sagen
Bei der Bundeswehr gäb es nur noch Hitparaden
Ich würd jeden Tag im Jahr Geburtstag haben
Im Fernsehen gäb es nur noch ein Programm
Robert Lembke, vierundzwanzig Stunden lang
Ich hätte zweihundert Schlösser und wär nie mehr pleite
Ich wär Rio I., Sissi die Zweite

Das alles und noch viel mehr
Würd ich machen
Wenn ich König von Deutschland wär

Die Socken und die Autos dürften nicht mehr stinken
Ich würd jeden Morgen erst mal ein Glas Schampus trinken
Ich wär schicker als der Schmidt und dicker als der Strauß
Und meine Platten kämen ganz groß raus
Reinhard Mey wäre des Königs Barde
Paola und Kurt Felix wären Schweizer Garde
Vorher würd ich gern wissen, ob sie Spaß verstehn
Sie müssten achtundvierzig Stunden ihre Show ansehn

Das alles und noch viel mehr
Würd ich machen
Wenn ich König von Deutschland wär

Lass mich los

Lass mich los, lass mich los
Ich will nicht, dass ich bin, wie du willst, dass ich bin
Drum lass mich los

Lass mich los, lass mich los
Du, du hältst mich zu fest, ich bleib nur, wenn du mich lässt
Drum lass mich los

Lass mich frei, lass mich frei
Mir geht's gut, wenn ich bin, wie ich bin, bin ich gut
Ach, lass mich frei

Lass mich raus, lass mich raus
Lass mich raus, raus aufs Deck, denn ich lauf dir ja nicht weg
Lass mich raus

Ich will mit dir über jeden Schatten springen
Dir jeden Abend ein Wiegenlied singen
Ich schwimm mit dir durch jedes Meer
Geb meinen letzten Pfennig her
Doch lass mich los, bitte, bitte lass mich los

Lass mich los, lass mich los
Bitte sperr mich nicht ein, lieber bin ich allein
Lass mich los

Lass mich los, lass mich los
Ich will fliegen, drum halt mich nicht fest, lass mich los
Lass mich los

Ich will mich dir gern zu Kopf und Füßen legen
Ich werd dich nie fragen, mit wem und weswegen
Ich steig mit dir auf den Mount Everest
Aber bitte, bitte halt mich nicht fest
Ach, lass mich los, bitte, bitte lass mich los

So allein

Ich bin allein
So allein
Ganz allein zu Hause
Komm und schau's dir an

Kann keine Musik machen
Und keine hörn
Weil sich die Nachbarn sonst wieder beschwern
Hab keine Lust, durch die Discos zu fliegen
Was soll ich machen als im Bett rumliegen

So allein
Ganz allein
So allein zu Hause
Komm und schau's dir an

Ich bin allein
Ganz allein
So allein zu Hause
Komm und schau's dir an

Und leider bin ich viel zu wach
Das wird bestimmt wieder 'ne schlaflose Nacht
Naja, vielleicht leg ich mich doch noch aufs Ohr
Was hast du denn heute Nacht noch vor

So allein
Ganz allein
So allein zu Hause
Komm und schau's dir an

Ich zähl die Tage, zähl die Stunden
Zähl die Minuten, die Sekunden
Meine vier Wände starren mich an
Und fragen, was ist los mit dir, Mann

So allein
Ganz allein
So allein zu Hause
Komm und schau's dir an

Ich leb doch

Ich geh durch die Straßen, und ich frier dermaßen
Doch der Sandmann verkauft nur noch Seifenblasen
Und ich fühl mich so – überall
Alles ist nur noch tödlich hektisch
Und die meisten Stühle sind elektrisch
Und ich fühl mich so – überall

Und ich leb noch
Ich leb doch
Ich leb doch immer noch
Ich leb doch
Ich leb noch
Ich leb doch immer noch

Der eine sagt Hü, und der andere sagt Hott
Und der Dritte verkauft den ganzen Schrott
Und ich fühl mich so – überall
Und die ganze Stadt ist 'n Flugzeugträger
Nur noch Hubschrauber und Düsenjäger
Und ich fühl mich so – überall

Ich leb noch
Ich leb doch
Ich leb doch immer noch
Ich leb doch
Ich leb noch
Ich leb doch immer noch

Wohin ich auch mein müdes Haupt hinlege
Leichen pflastern alle Wege
Und ich fühl mich so – überall
Und es brennen die Hütten, es brennen die Paläste
Und es brennt die schwarze und die weiße Weste
Und ich fühl mich so – überall

Und ich leb doch
Ich leb noch
Ich leb doch immer noch
Ich leb doch
Ich leb noch
Ich leb doch immer noch

Bei Nacht

Oh, der Mond scheint
Langsam und golden
Über den Wolken
Schaut durch die Bäume
Auf schlafende Blumen
Rehe und Hasen
Berge und Täler
Wiesen und Felder
Oh, es ist 'n schönes Land
Bei Nacht

Oh, der Nachtwind weht
Sanft, warm und leise
Über die Wälder
Die Städte und Dörfer
Burgen und Schlösser
Villen und Vorstädte
Frankfurt und Rothenburg
Fabriken und Autobahnen
Oh, es ist 'n schönes Land
Bei Nacht

Bei Nacht
Wenn die Sonne auf der andern Seite der Erde
Ihre Strahlen in die Straßen und Hütten
Von Rio und São Paulo senkt

Bei Nacht
Wenn die Sonne weit, weit weg im Osten
In Bombay und Kalkutta und Neu-Delhi
Den Kindern in den Augen brennt

Bei Nacht
Und nicht mal dann
Weil die tiefsten Wunden selbst in der Nacht
Noch hell erleuchtet sind

Bei Nacht
Und nicht mal dann
Weil in der Nacht die überwachen Augen
Zehnmal schärfer sehn
Nicht mal dann

Oh, die Sonne scheint
Langsam und golden
Schaut durch die Wolken
Auf Tiere und Menschen
Auf Zäune und Mauern
Auf den Rhein und die Elbe
Auf Köln und auf Hamburg
Den Schwarzwald, die Nordsee
Stammheim und Godesberg
Oh, die Sonne scheint
Die Sonne scheint

(Ich bin irgendwo) Zwischen Null und Zero

Tommy sagt: Nimm die Pfoten vom Klavier
Und steck die Knarre ein
Kitty sagt: Wir müssen schnellstens weg von hier
Es könnt schon morgen sein
All die andern stolpern blindlings durch die Stadt
Finden den Bahnhof nicht
Conny sitzt im Bett und meditiert
Bei Tee und Kerzenlicht
Und hat die Türen dicht

Ich bin irgendwo
Zwischen Null und Zero
Die Welt verbrennt
Auf meinem Video

Udo sagt: Es ist doch alles scheißegal
Hauptsache Himbeereis
Werner findet alles abgefahrn
Nur noch nicht legalized
Heidi arbeitet sich ganz langsam hoch
Was keiner wissen soll
Rolf ist schon oben, findet's doof
Und hat die Nase voll
Vom Schnee von gestern wohl

Ich bin irgendwo
Zwischen Null und Zero
Die Welt verbrennt
Auf meinem Video

Arnie füttert seinen Commodore
Mit den letzten Lottozahln
Gerda will nicht wieder kandidiern
Für die nächsten Landtagswahln
Arthur sagt: Es wird nie mehr
Wie's '68 war
Kurt spart neuerdings jeden Pfennig
Für 'n Haus auf Sansibar
Und nun ist alles klar

Ich bin irgendwo
Zwischen Null und Zero
Die Welt verbrennt
Auf meinem Video

Und ich spiel Domino
Die Welt verbrennt
Auf meinem Video

Blinder Passagier (1987)

Blinder Passagier

Wann?

Normal

Der Sommer kommt

Lass mich schlafen

Manager

Gib mir was ab

Übers Meer

Ich denk an dich

Stiller Raum

Bis ans Ende der Welt
(B-Seite der Single »Blinder Passagier«, 1987)

Blinder Passagier

Blinder Passagier
Das Ziel unsrer Reise
Ist nicht weit von hier

Siebenunddreißig Tage auf hoher See
Zwischen Jedermanns- und Niemandsland und
ewigem Schnee
Wir haben genug zu essen, genug Schnaps und Brot
Doch die Mannschaft ist müde, und der Steuermann tot
Und niemand weiß genau, wohin die Reise geht
Jeder weiß, dass alles in den Sternen steht
Doch die Sterne leuchten schon seit Tagen nicht mehr
Nur der Käpt'n strahlt, doch der Himmel bleibt leer

Blinder Passagier
Ich weiß, was ich weiß
Doch ich sag's nur dir
Blinder Passagier
Das Ziel unsrer Reise
Ist nicht weit von hier

Das Ruder ist gebrochen, und keiner weiß
Ob 'n Funker an Bord ist, wie der Notruf heißt
War's nicht SDI oder CIA
Oder Save Our Money oder USA
Ist jetzt alles zu früh oder alles zu spät
Und niemand weiß, wohin der Wind uns weht
Bringt uns dieser Dampfer übern großen Teich
Oder saufen wir ab und sterben gleich

Blinder Passagier
Ich weiß, was ich weiß
Doch ich sag's nur dir
Blinder Passagier
Das Ziel unsrer Reise
Ist nicht weit von hier

Und backbord, backbord ist 'n Riesenleck
Und der Obermaat weiß es, doch es schert ihn 'n Dreck
Und niemand schreit: »Macht die Boote klar!«
Es ist ja nur eins für den Käpt'n da
Die Ratten, die hatten einst alles im Griff
Doch die Ratten verlassen das sinkende Schiff
Und es dauert nicht mehr lang, und es ist alles vorbei
Doch niemand denkt hier an Meuterei
(Alles Lüge!)

Blinder Passagier
Das Ziel unsrer Reise
Ist nicht weit von hier

Siebenunddreißig Tage auf hoher See
Zwischen Jedermanns- und Niemandsland und
ewigem Schnee
Wir haben genug zu essen, genug Schnaps und Brot
Doch die Mannschaft ist müde, und der Steuermann tot
Und niemand weiß genau, wohin die Reise geht
Jeder weiß, dass alles in den Sternen steht
Doch die Sterne leuchten schon seit Tagen nicht mehr
Nur der Käpt'n strahlt, doch der Himmel bleibt leer

Blinder Passagier
Das Ziel unsrer Reise
Ist nicht weit von hier
Nicht weit von hier

Wann?

Du sagst, du willst die Welt nicht ändern
Und ich frag mich, wie machst du das nur
Du bist doch kein Geist in der Flasche
Und du bist auch kein Loch in der Natur
Denn nach jedem Schritt, den du gehst
Und nach jedem Wort, das du sagst
Und nach jedem Bissen, den du isst
Ist die Welt anders, als sie vorher war

Wann – wenn nicht jetzt
Wo – wenn nicht hier
Wie – wenn ohne Liebe
Wer – wenn nicht wir

Du sagst, du willst die Welt nicht retten
Das ist dir alles 'ne Nummer zu groß
Und die Weltenretter warn schon so oft da
Nur die meisten verschlimmbessern bloß
Und doch fragt mich jeder neue Tag
Auf welcher Seite ich steh
Und ich schaff's einfach nicht, einfach zuzusehen
Wie alles den Berg runtergeht

Wann – wenn nicht jetzt
Wo – wenn nicht hier
Wie – wenn ohne Liebe
Wer – wenn nicht wir

Du sagst, du willst die Welt nicht ändern
Dann tun's eben andre für dich
Und der Wald, in dem du vor Jahrn noch gespielt hast
Hat plötzlich ein steinernes Gesicht
Und die Wiese, auf der du grade noch liegst
Ist morgen 'ne Autobahn
Und wenn du jemals wieder zurückkommst
Fängt alles von vorne an

Wann – wenn nicht jetzt
Wo – wenn nicht hier
Wie – wenn ohne Liebe
Wer – wenn nicht wir

Normal

Ich bin normal wie du und ich
Weiß, was ich tun darf und was nicht
Ich mach alles, was man mir sagt
Ich hab noch nie warum gefragt
Ich führe alles pünktlich aus
Ich komme nie zu spät nach Haus

Ich habe nie schlimme Gedanken
Ich weis mich selbst in meine Schranken
Hab viel zu tun und nichts zu sagen
Ich hab's am Herz und hab's am Magen
Ich hab zwei Kinder und 'ne Frau
Fahr nie bei Rot, mach selten blau

Ich bin normal
Frag mich nicht, wie
Von Kopf bis Fuß
Made in Germany

Ich bin normal wie du und ich
Ich komm in 'n Himmel oder nicht
Ich hab nie allzu oft gelogen
Kaum einen übern Tisch gezogen
Ich nehm kein Rauschgift, geh nie fremd
Ich hab' immer 'n weißes Hemd

Ich bin normal
Frag mich nicht, wie
Von Kopf bis Fuß
Made in Germany

Ich hab immer ’n weißen Kragen
Ich stelle niemals falsche Fragen
Ich bin ganz schlau, ich stell mich dumm
Mach gerne meinen Rücken krumm
Ich gehe nicht mit jeder Mode
Ich mache alles mit Methode

Ich bin normal
Frag mich nicht, wie
Von Kopf bis Fuß
Made in Germany
Ich bin der einzige normale Mensch auf der Welt
Niemand ist so normal wie ich
Ich bin normal
Total normal

Der Sommer kommt

Es hat aufgehört zu regnen
Die Welt ist wieder da
Die Wolken ziehen – die Luft ist klar
Ein Vogel singt – ein neuer Mond
Die erste Grille – der Sommer kommt

Es hat aufgehört zu regnen
Der Himmel schweigt
Der Tag geht schlafen – der Nebel steigt
Ein Stern verglüht am Horizont
Der Frühling geht – der Sommer kommt

Es hat aufgehört zu regnen
Die Welt ist nass
Eine Kirschbaumblüte liegt im Gras
Ein Vogel singt und fliegt davon
Du bist gegangen – der Sommer kommt

Lass mich schlafen

Lass mich schlafen
Lass mich ruhn
Ich bin müde und hab nix zu tun
Die Welt soll warten
Bis ich komm
Ich bin hier in meinem Dschungelbuch
Ich lauf ja nicht davon

Sieben wilde Löwen
Und ein kleines Schaf
Lassen niemand zu mir
Der nicht zu mir darf
Simsalamander
Simsalabim
Ich kann wieder zaubern
Rat mal, wo ich jetzt bin

Lass mich schlafen
Lass mich ruhn
Ich bin müde und hab nix zu tun
Simsalamander
Simsalabim
Ich kann wieder zaubern

Manager

Es ist Abend, und ich bin ganz allein zu Haus
Früher konnt ich oft abends nicht einschlafen
Weil mich die Sorgen des nächsten Tages so bedrückten
Aber jetzt ist jemand da
Der alle großen und kleinen Probleme für mich löst
Und ihm sing ich dieses Lied

Rat mal, wer mich morgens pünktlich weckt
Mir immer mal 'nen Schein zusteckt
Wer das Frühstück macht und ans Bett mir bringt
Wer mir immer die neuesten Hits vorsingt
Rat mal, wer für mich bei der Arbeit schwitzt
Und rat mal, wer mich vorm bösen Wolf beschützt
Rat mal, wer für mich telefoniert
Rat mal, wer mir mein Mofa frisiert
Rat mal, wer – rat mal, wer
Mein Manager – mein Manager

Mein Manager erledigt das für mich
Ich hab 'n Manager, 'n Manager
Mein Manager erledigt das für mich
Frag meinen Manager – mein Manager

Einer, der aufpasst, dass ich nicht zu viel rauche
Und nicht sofort mein Taschengeld versaufe
Einer, der für mich in die Zukunft schaut
Einer, der all die bösen Jungs verhaut
Einer, der weiß, wie man Steuern spart
Einer, der mich vorm Ruin bewahrt

Einer, der an mein' Geburtstag denkt
Einer, der mir immer was zu Weihnachten schenkt
Wer weiß, was mir schadet
Wer weiß, was mir nutzt
Der Mann, der mir morgens die Zähne putzt

Mein Manager erledigt das für mich
Ich hab 'n Manager, 'n Manager
Mein Manager erledigt das für mich
Frag meinen Manager – mein Manager

Einer, der mir sagt, wann ich was zu tun hab
Einer, der mir sagt, wann ich auszuruhn hab
Einer, der alle meine Schritte lenkt
Einer, der für mich die Mäuschen fängt
Einer, der weiß, was Thomas anders macht
Einer, der weiß, wann das Bargeld lacht
Und ist irgendwas falsch auf dieser Welt
Irgendwas, das mir überhaupt nicht gefällt
Und ich weiß nicht ein, und ich weiß nicht raus
Wer zieht mir glatt die Schuhe aus

Mein Manager erledigt das für mich
Ich hab 'n Manager, 'n Manager
Mein Manager erledigt das für mich
Frag meinen Manager – mein Manager

Und alles, was dann noch zu fragen bleibt, ist
Rat mal, wer wohl so 'ne Texte schreibt

Mein Manager erledigt das für mich
Ich hab 'n Manager, 'n Manager
Mein Manager erledigt das für mich
Frag meinen Manager – mein Manager

Gib mir was ab

Eddi sagt: Das »Golden Inn« gehört jetzt dir
Eddi sagt: Du fragst jetzt öfter mal nach mir
Eddi sagt: Deine Rolex ist jetzt endlich echt
Eddi sagt: Der Deal mit Mirco war nicht mal so schlecht
Eddi sagt: Du trägst jetzt Beatles Boots und Samtjackets
Eddi sagt: Dass du noch immer die Connection hättst

Gib mir was ab, ich könnt auch mal etwas Kies gebrauchen
Gib mir was ab, ich möcht auch mal 'ne Davidoff rauchen
Gib mir was ab, ich möcht auch mal in der Südsee tauchen
Gib mir was ab, gib mir was ab, gib mir was

Eddi sagt: Du fährst 'n 500er SEL
Eddi sagt: Du hast auf Ibiza schon zwei Hotels
Eddi sagt: Dein Appartement soll ganz gut aussehn
Eddi sagt: Dass deine Frauen auf der Straße stehn
Eddi sagt: Du fährst jetzt nicht mehr selbst nach Amsterdam
Eddi sagt: Dass du trotzdem davon leben kannst

Gib mir was ab, ich könnt auch mal etwas Kies gebrauchen
Gib mir was ab, ich möcht auch mal 'ne Davidoff rauchen
Gib mir was ab, ich möcht auch mal in der Südsee tauchen
Gib mir was ab, gib mir was ab, gib mir was ab

Eddi sagt: Du hast die alten Freunde nicht vergessen
Eddi sagt: Du fährst jetzt öfter mal ins Elsass essen
Eddi sagt: Du kaufst dir auch schon mal Chopin und Liszt
Eddi sagt: Du weißt jetzt endlich, was Art déco ist

Eddi sagt: Du nimmst selbst keine Drogen mehr
Eddi sagt: Deine Konten sind millionenschwer

Gib mir was ab, ich könnt auch mal etwas Kies gebrauchen
Gib mir was ab, ich möcht auch mal 'ne Davidoff rauchen
Gib mir was ab, ich möcht auch mal in der Südsee tauchen
Gib mir was ab, gib mir was ab, gib mir was

Übers Meer

Tag für Tag weht an uns vorbei
Bringt das Boot in den Wind
Und ein Kuss und ein Tag im Mai
Sei nicht traurig, mein Kind
So viele Jahre und so viele Sterne ist es wohl her
Seit wir draußen sind auf dem Meer

Sonnenblumen und Löwenzahn
Hab ich lang nicht gesehn
Nur die Wellen des Ozeans
Und so viel ist geschehn
Wie viele Himmel und wie viele Länder ist es wohl her
Seit wir draußen sind auf dem Meer

Sing ein Lied für den Ozean
Sing ein Lied übers Meer
Und ich singe ein Lied für dich
Wird das Herz mir auch schwer
So viele Tage und so viele Stürme müssen vergehn
Doch wir werden uns wiedersehn

Ich denk an dich

Ich denk an dich
Jeden Tag und jede Nacht
Ich hab kein Auge zugemacht
Seit Tagen
Ich wart auf dich
Ich trau mich nicht mehr aus 'm Haus
Ich lass das Telefon nicht aus
Den Augen

Baby, Baby, Baby, Baby
Nimm dein Herz und komm vorbei
Das ist mein allerletzter Aufruf
Und mein allerletzter Schrei

Ruf an, ruf an
Ich werd verrückt und werde krank
Schmeiß alle Pillen aus 'm Schrank
Auf einmal
Ruf an, ruf an
Ich werd verrückt, wenn du's nicht tust
Ich krieg Migräne und den Blues
Und sterbe

Baby, Baby, Baby, Baby
Nimm dein Herz und komm vorbei
Das ist mein allerletzter Aufruf
Und mein allerletzter Schrei

Ach du, ach du
Du hast ein Herz aus Stein und Stahl
Lässt mich allein in meiner Qual
Und Liebe

Baby, Baby, Baby, Baby
Nimm dein Herz und komm vorbei
Das ist mein allerletzter Aufruf
Und mein allerletzter Schrei

Stiller Raum

Stiller Raum, stille Nacht
Alles schläft: Ich bin wach
Ich weiß, wo du bist
Und du weißt, dass ich's weiß
Ich wollte's nicht anders
Und ich kannte den Preis
Drei Worte zu wenig und ein Wort zu viel
Ein giftiger Pfeil traf mitten ins Ziel
Ein kalter Blick, und wir wurden zu Stein
Jetzt bin ich frei und wieder allein

Stiller Raum, stille Nacht
Alles schläft: Ich bin wach
Ich hab dich gerufen
Hast du mich gehört
Ist noch Glut in der Asche
Vielleicht sogar noch mehr
Die Welt dreht sich weiter für dich und für mich
Nur, wo heute Nacht Schatten sind
War gestern noch Licht

Stiller Raum, stille Nacht
Alles schläft: Ich bin wach
Ich hab dich gerufen
Hast du mich gehört
Ist noch Glut in der Asche
Vielleicht sogar noch mehr
Die Welt dreht sich weiter für dich und für mich

Nur, wo heute noch Schatten ist
War gestern noch Licht

Stiller Raum, stille Nacht
Alles schläft: Ich bin wach

Bis ans Ende der Welt

Es ist kein Platz für uns auf der Erde
Kein Platz unterm Himmelszelt
Kein Platz für uns in den Sternen
Und kein Platz am Ende der Welt

Kein Platz für uns im Garten Eden
Kein Platz in der Unterwelt
Kein Platz für uns im Paradies
Und kein Platz am Ende der Welt

Wer wird uns schützen, wenn der Sturm aufkommt
Wenn der große Regen fällt
Und wir warten und warten
Bis ans Ende der Welt

Kein Platz für uns in den Bergen
Kein Platz für uns auf dem Feld
Kein Platz für uns auf dem Ozean
Und kein Platz am Ende der Welt

Kein Platz für uns in der Sonne
Kein Platz, wohin der Schatten fällt
Kein Platz für uns in keinem Land
Und kein Platz am Ende der Welt

Es gibt kein' Platz um schöne Worte
Kein' Platz um Gut und Geld
Kein' Platz für uns um Bitten und Betteln
Kein' Platz am Ende der Welt

Wer wird uns schützen, wenn der Sturm aufkommt
Wenn der große Regen fällt
Und wir warten und warten
Bis ans Ende der Welt

Es ist kein Platz für uns in der Wüste
Kein Schloss, kein Haus, kein Zelt
Kein Platz für uns in den Wäldern
Und kein Platz am Ende der Welt

Kein Platz für uns, kein Platz für uns
Kein Platz, wo uns niemand quält
Kein Platz für uns, kein Platz für uns
Kein Platz bis ans Ende der Welt

Wer wird uns schützen, wenn der Sturm aufkommt
Wenn der große Regen fällt
Und wir warten und warten
Bis ans Ende der Welt

Kein Platz für uns auf der Erde
Kein Platz unterm Himmelszelt
Kein Platz für uns in den Sternen
Und kein Platz am Ende der Welt

*** (1990)

Geld

Herbst

Vier Wände

Was weiß ich

Alles

Sternchen

Geld

Geld macht nicht glücklich, es beruhigt nur die Nerven
Und man muss es schon besitzen, um's zum Fenster
rauszuwerfen
Und wenn ich das große Los zieh und's geht nicht gleich
alles drauf
Mach ich an der nächsten Ecke 'ne Lottobude auf
(Wirst schon sehn)

Geld
(Manche haben's, manche haben's nicht)
Gib mir 'n bisschen Geld
(Aber ich werd einfach sauer, wenn ich keins krieg)

Vor den Leuten, die Geld sammeln, kann man eigentlich
nur warnen
Denn noch nicht mal Samt und Seide können ihre
Pferdefüße tarnen
Und wenn ich das große Los zieh, geb ich sicher alles aus
Für Platin, Gold und Aktien und 'n supergroßes Haus
(Mit Swimmingpool)

Geld
(Manche haben's)
Gib mir 'n bisschen Geld
(Manche haben's nicht)
Ich brauch Geld
(Aber ich werd einfach sauer)
Jede Menge Geld
(Wenn ich keins krieg)

Die Moral von der Geschichte soll die Reichen
jetzt erreichen
Vielleicht lässt sich ja der eine oder andre mal erweichen
Denn mein Bankdirektor hungert, die Gerichtsvollzieher
weinen
Vielleicht schickt mir ja ein netter Millionär mal ein
paar Scheine
(Ich sammle nämlich Scheine)

Geld
(Manche haben's)
Ich brauch Geld
(Manche haben's nicht)
Gib mir 'n bisschen Geld
(Aber ich werd einfach sauer)
Ich brauch Geld
(Wenn ich keins krieg)

Geld macht nicht glücklich, es beruhigt nur die Nerven
Und man muss es schon besitzen, um's zum Fenster
rauszuwerfen
Und man kann bekanntlich alles außer Liebe dafür kaufen
Doch der beste Weg von allen ist, es einfach zu versaufen
(Meine Meinung)

Geld
(Manche haben's)
Gib mir 'n bisschen Geld
(Manche haben's nicht)
Ich brauch Geld
(Aber ich werd einfach sauer)

Gib mir 'n bisschen Geld
(Wenn ich keins krieg)

(Scheine – ich will nichts klimpern hören, danke)

Herbst

Ein himmelblauer Spätherbstmorgen in der Stadt
Die Nacht war lang, und ich bin immer noch wach
Und ich sitze hier und schreib was, mal ein Bild von dir
Mach die Augen zu und seh dich vor mir

Wünschte, du wärst hier
Seh dich vor mir
Wünschte, du wärst hier
Bei mir

Und ich sitze hier am Fenster, schau den Autos zu
Streichle die Katzen und denke, das wärst du
Ich sitze hier am Ofen und schaue in das Buch
Versuch, die Worte zu entziffern, doch es bleibt bei dem Versuch
Leg mich auf mein Bett und bin weit von hier
Mach die Augen auf und seh dich vor mir

Wünschte, du wärst hier
Seh dich vor mir
Wünschte, du wärst hier
Bei mir

Vier Wände

Vier Wände
Meine vier Wände
Ich brauch meine vier Wände für mich

Die mich schützen vor Regen und Wind
Wo ich nur sein muss, wie ich wirklich bin

Vier Wände
Meine vier Wände
Ich brauch meine vier Wände für mich

Eine Wand für mein Klavier
Eine Wand für ein Bild von dir
Eine Wand für eine Tür
Sonst kommst du ja nicht zu mir

Vier Wände
Meine vier Wände
Ich brauch meine vier Wände für mich

Eine Wand für ein Bett, nicht zu klein
Eine Wand für den Tisch mit dem Wein
Eine Wand für den Sonnenschein
Denn bei mir soll's nicht dunkel sein

Vier Wände
Meine vier Wände
Ich brauch meine vier Wände für mich

Die mich schützen vor Regen und Wind
Wo ich nur sein muss, wie ich wirklich bin

Was weiß ich

Raketen stürzen in die Nacht
Blut, Blut, Blut tropft auf mein Hemd
Ich weiß nicht, wohin soll ich gehn
Hinter den Wolken brennt der Mond

Ich sitze hier am Straßenrand
Irgendwo unter den Sternen
Staubbedeckt, laubbedeckt
Wann, wann, wann kommt der Sturm

Da ist Feuer hinter den Fenstern
Doch kein Fluss tritt über die Ufer
Ich rieche Menschen, ich rieche Müll
Da fliegt ein Schrei zurück ins Meer

Gib mir Brot, ich habe Hunger
Gib mir Wasser, ich habe Durst
Ein Höllenhund leckt meine Füße
Mein Rabe bringt mir einen Brief

Die Königskinder sind verschwunden
Und ein Prinz liegt hier im Dreck

Raketen stürzen in die Nacht
Blut, Blut, Blut tropft auf mein Hemd
Ich weiß nicht, wohin soll ich gehn
Hinter den Wolken brennt der Mond

Ich sitze hier am Straßenrand
Irgendwo unter den Sternen
Staubbedeckt, laubbedeckt
Wann, wann, wann kommt der Sturm

Alles

Alles, was ich sein will, kann ich sein
Ich kann alles sein, was ich will
Jeder Traum, jeder Traum, den ich träum
Wird wahr, wenn ich es will

Ich hab wohl so viele Leben, wie Sterne am Himmel stehn
Ich kann alles hörn, was ich hörn will
Und alles, was ich sehn will, sehn
Ich werd gestern sein und war morgen schon
Und heute bin ich ein Kind
Ich bin anders, weil ich wie alle bin
Und weil alle anders sind

Alles, was ich sein will, kann ich sein
Ich kann alles sein, was ich will
Jeder Traum, jeder Traum, den ich träum
Wird wahr, wenn ich es will

Ich hab wohl so viele Leben, wie Sterne am Himmel sind
Ich war weiß, ich war schwarz, ich war Mann, ich war Frau
Und heute bin ich ein Kind
Ich war ein Fisch im Fluss und ein Fisch im Meer
Ein Halm im Gras und ein Stein
Ich war in der Wüste und war auf dem Mond
Und morgen werd ich bei dir sein

Alles, was ich sein will, kann ich sein
Ich kann alles sein, was ich will
Jeder Traum, jeder Traum, den ich träum
Wird wahr, wenn ich es will

Sternchen

Ich singe dir, du Stern der blauen Berge
Der sieben Meere und der hohen See
Sing deinen Wüsten, sing deinen Wäldern
Sing deinem Eis und deinem ewigen Schnee

Mein Lied für dich, Planet der Wolkengötter
Gibst dem Wald Regen und dem Regen Wald
Du liebst den Sand, du liebst die Felsen
Gibst Luft dem Sperling und dem Wal

Du bist mein Schiff im Weltenmeer
Wo treibst du hin, wo kommst du her
Wer hält dein Steuer, und wer weiß
Bin ich ein Teil von deinem Geist

Ich singe dir, du Stern der grünen Täler
Ernährst die Blumen, lenkst der Vögel Flug
Den wilden Wassern gibst du Ufer
Du bringst den Schatten in die Sonnenglut

Du bist mein Schiff im Weltenmeer
Wo treibst du hin, wo kommst du her
Wer hält dein Steuer, und wer weiß
Bin ich ein Teil von deinem Geist

Wär ich ein Staubkorn in einer deiner Wüsten
Oder ’ne Blume in deinem schönsten Tag
Ich bleib dir treu, und wenn ich wiederkehre
Begrüße mich mit einem Sonnenstrahl

Durch die Wand (1991)

Krieg

Der Krieg
Er ist nicht tot, der Krieg
Der Krieg
Er ist nicht tot, er schläft nur
Er liegt da unterm Apfelbaum und wartet
Wartet
Auf mich, auf dich
Er ist nicht tot, der Krieg

Der Krieg
Er ist nicht tot, der Krieg
Der Krieg
Er ist nicht tot, er schläft nur
Er liegt da im Hinterhof und wartet
Wartet
Auf mich, auf dich
Er ist nicht tot, der Krieg

Der Krieg
Er ist nicht tot, der Krieg
Der Krieg
Er ist nicht tot, er schläft nur
Er hat sich sehr gut versteckt und wartet
Wartet
Auf dich, auf mich
Er ist nicht tot, der Krieg

Der Krieg
Er ist nicht tot, der Krieg
Der Krieg
Er ist nicht tot, er schläft nur
Er liegt da unterm Apfelbaum und wartet
Wartet
Auf dich, auf mich
Er ist nicht tot
Der Krieg

Zu Hause

Krähen fliegen übers Dach
Und ein Flieger macht mich wach
Zu Hause
Von den Wiesen weht ein Duft
Frisches Gras liegt in der Luft
Zu Hause

Der Milchwagen kommt, ich hör's genau
Ein Hund bellt, und ich schau
Aus dem Fenster hinaus in den Garten
Wo die hungrigen Katzen warten

Eine Maus läuft durch das Zimmer
Die ist hier ja auch schon immer
Zu Hause

In den Ritzen ist der Wind
Irgendwo ist auch ein Kind hier
Zu Hause

Eine Tür knarrt, wer kann das sein
Nur der Wind, denn ich bin ja allein
Und im Garten ist nur der Regen
Ich werd noch 'n bisschen Holz nachlegen

Der Milchwagen kommt, ich hör's genau
Ein Hund bellt, und ich schau
Aus dem Fenster hinaus in den Garten
Wo die hungrigen Katzen warten

Ich mal ein Schild für meine Tür
Kein Eintritt, denn ich bin heut hier
Zu Hause

Du bist es

Du bist der Sturm, der Drang, die Enge
Der Donner und die letzte Flut
Du bist der Neid, der Suff, die Menge
Das Wunder und das ruhige Blut
Du bist das Meer, der Wind, die Stille
Die Trauer und mein Untergang
Du bist der Schmerz, das Herz, der Wille
Das Ende und sein Neuanfang

Und du rollst mit der Sonne, dem Mond und den Sternen
Weiter durch das All

Du bist die Angst, die Scham, die Reue
Der Jammer und die nackte Not
Du bist der Hass, die Wut, die Treue
Die Sterne und das Morgenrot
Du bist der Zorn, der Stolz, das Ende
Der Hammer und der Schlag ans Kinn
Du bist der Tritt, der Spaß, die Hände
Das Reden und sein Widersinn

Und du rollst mit der Sonne, dem Mond und den Sternen
Weiter durch das All

Du bist die Sucht, der Müll, die Tonne
Die Hölle und der Pferdefuß
Du bist die Nacht, das Eis, die Sonne
Die Rose und der Abschiedskuss
Du bist der Geist, das Fleisch, das Schlaue

Der Teufel und das ewige Licht
Du bist das Nichts, die Schrift, das Blaue
Der Engel und das Ass, das sticht

Und du rollst mit der Sonne, dem Mond und den Sternen
Weiter durch das All

Nach Hause

Einsame Rose, welk und müde
Leeres, leeres Glas
Alles bezahlt, der Rest war Liebe
Und die liegt längst im Gras

Und ich wart nicht, bis es Frühling wird
Ich will nach Hause, geh nach Hause
Das nächste Schiff, das vor Anker geht
Bringt mich nach Hause, nach Hause
Zu mir

Häuser schaun mich an, als sollt ich sie erkennen
Aber ich weiß nicht mehr, was war
Blaues Licht an den Fenstern, jemand ruft nach mir
Aber das ist jetzt alles egal

Und ich wart nicht, bis es Frühling wird
Ich geh nach Hause, will nach Hause
Das nächste Schiff, das vor Anker geht
Bringt mich nach Hause, nach Hause
Zu mir

Über alles (1993)

Mitten in der Nacht
Wohin gehn wir
Du – über alles

Mitten in der Nacht

Hab dich nie berührt, ich hab dich niemals angefasst
Doch in meinen Träumen haben wir's gemacht
Jeden Abend frag ich mich, wen du zum Schlafen hast
Manchmal wach ich auf, mitten in der Nacht

Neulich warst du hier, doch da war ich wohl grad nicht da
Als ich wiederkam, warst du grade weg
Gestern um halb drei denk ich: Was ist denn das
für 'n Krach
War das Telefon, mitten in der Nacht

Warst das vielleicht du, um die Zeit ruft sonst niemand an
Aber als ich ranging, war es schon zu spät
Da hab ich mir gewünscht, ich hätt 'n Polaroid von
dir gemacht
Und dann war ich traurig, mitten in der Nacht

Wenn ich mal Geburtstag hab, und das ist ja schon
ganz bald
Lade ich dich ein, dann kommst du ganz bestimmt
Dann werd ich dir sagen, dass du schöne Augen hast
Die mich manchmal anschaun, mitten in der Nacht

Hab dich nie berührt, ich hab dich niemals angefasst
Doch in meinen Träumen haben wir's gemacht

Wohin gehn wir

Wohin gehn wir, wohin gehn wir
Werden wir uns wiedersehn
Du bist wieder da, wo du warst
Aber ich bin wieder allein
Du bist wieder da, wo du warst
Aber ich bin wieder allein

Andre Wege, andre Straßen
Jeder wird woanders schlafen
Ich bin wieder da, wo ich war
Aber du bist wieder allein
Du bist wieder da, wo ich war
Aber ich bin wieder allein

Nur die Sterne, nur die Sterne
Drehn sich weiter in der Ferne
Alles wird so sein, wie es war
Aber nichts wird wieder so sein
Nichts wird wieder sein, wie es war
Solang die Sonne scheint

Ein langes Jahr, ein andrer Wein
Und nur wer liebt, ist nicht allein
Wer nicht liebt, der wird zu Stein
Und es wird niemals anders sein

Wohin gehn wir, wohin gehn wir
Werden wir uns wiedersehn
Hier

Du – über alles

Das ist der Punkt, um den sich die Erde dreht
Das ist der Grund, warum sich die Welt bewegt

Fall nicht, weil du mich hältst
Halt dich, dass du nicht fällst
Trau mich, weil du mir traust
Schau hin, wohin du nicht schaust

Das ist der Punkt, um den sich die Erde dreht
Das ist der Grund, warum sich die Welt bewegt

Ich weiß, wo ich dich seh
Du weißt, wohin ich geh
Du suchst mich, wo ich bin
Du führst mich immer hin

Du machst die Nacht zum Tag
Ich mach die Sonne wach
Wie's uns auch immer gefällt
Oder auch umgekehrt
Wo du auch bist und wer
Wir sind die Farben der Welt

Du – du – du über alles
Du – du – du über alles
Du – du – du über alles in der Welt
Über alles in der Welt

Sagst mir, was ich nicht frag
Fragst nichts, wenn ich nichts sag
Hör dich, wenn du mich rufst
Find dich, wenn du mich suchst

Schlaf nur ein neben dir
Du wirst wach wegen mir
Wie's uns auch immer gefällt
Du machst den Himmel bunt
Ich mach die Erde rund
Wir sind die Farben der Welt

Du – du – du über alles
Du – du – du über alles
Du – du – du über alles in der Welt
Über alles in der Welt

Himmel & Hölle (1995)

Irrlicht

Gefahr

Der Junge am Fluss

Hoffnung

Himmel und Erde

Irrlicht

Da war ein Licht am Anfang der Welt
Ein Strahl, der die dunkelste Nacht erhellt
Der in die finsterste Ecke fällt
Das war das Licht am Anfang der Welt

Am Anfang der Welt war da ein Klang
Schöner als jeder Engelsgesang
Ein Licht, ein Licht, das uns jetzt fehlt
Das war und ist am Anfang der Welt

Da war ein Wort am Anfang der Welt
Ein Wort, das die dunkelste Nacht erhellt
Das Wort war Liebe war das Wort
Und das ist der Schlüssel zum großen Tor

Am Anfang der Welt war da ein Licht
Ein Licht, das das dunkelste Dunkel bricht
Ein Blitz, ein Strahl, ein Wort, ein Klang
Das Licht, das Licht, mit dem alles begann

Und jetzt ist ein Irrlicht da
Wir sind verwirrt und sehn nicht mehr klar
Was ist gelogen, und was ist wahr
Die ganze Welt ist in Gefahr

Und das Irrlicht leuchtet und leuchtet hell
Wer hat dieses Licht da hingestellt
Wer sieht noch das Licht, das uns jetzt fehlt
Das war und ist am Anfang der Welt

Am Anfang der Welt war da ein Klang
Schöner als jeder Engelsgesang
Ein Licht, ein Licht, das uns jetzt fehlt
Das war und ist am Anfang der Welt

Da war ein Wort am Anfang der Welt
Ein Wort, das die dunkelste Nacht erhellt
Das Wort war Liebe war das Wort
Und das ist der Schlüssel zum großen Tor

Und jetzt ist ein Irrlicht da
Wir sind verwirrt und sehn nicht mehr klar
Was ist gelogen, und was ist wahr
Die ganze Welt ist in Gefahr

Und das Irrlicht leuchtet und leuchtet hell
Wer hat dieses Licht da hingestellt
Wer sieht noch das Licht, das uns jetzt fehlt
Das war und ist am Anfang der Welt

Da war ein Wort am Anfang der Welt
Da war ein Licht am Anfang der Welt

Gefahr

Na, wie geht's in eurem Kästchen
Fühlt ihr euch wohl in eurem Nestchen
Oder hakt's bei den Rädchen
Verwirren sich vielleicht die Fädchen

Ich will fliegen, tauchen, rasen
Will die Angst, ich will Gefahr
Ich will leben, will mich fühlen
Und ich zahl hier, jetzt und bar

Autobahn, linke Spur
Hart am Abgrund, hart am Rand
Ich allein in New York
Jemand raubt mir den Verstand
Unter Geiern, Löwenkäfig
Giftige Schlangen in meinem Bett
Alle Drogen, Alkohol
Ich will Gefahr von A bis Z

Ich steh gern auf Häuserdächern
Geh gern über dünnes Eis
Und ich tanz gern auf dem Seile
Manche mögen's eben heiß

Ich will Gefahr, will sterben oder töten
Spring aus den Wolken dem Haifisch ins Maul
Ich spreng den Staudamm, bebe die Erde
Flieg auf 'nem Drachen von Pol zu Pol
Ich will mein Blut sehn, ich will falln

Ich will tauchen bis zum Tiefenrausch
Eine Nacht in der Wüste
Ein Wochenende im Irrenhaus

Ich will verbrennen, explodieren
Nichts in der Hand und nichts mehr im Griff
Alle Bremsen solln blockieren
Volle Kraft aufs nächste Riff
Ich will mich töten, will mich retten
Will barfuß durch die Hölle gehn
Ich will Fieber, ich will Frost
Will die Welt nicht durch die Glotze sehn

Ich bin das große Unbekannte
Und heiße XYZ
Du kriegst mich nicht auf deinen Radarschirm
Ich bin ein unsichtbares Flugobjekt

Der Junge am Fluss

Der Junge am Fluss, er liegt im Sand
Blickt in den Himmel, schaut in die Bäume
Lauscht seinen Träumen

Fällt aus den Wolken, taucht in die Fluten
Treibt mit den Wellen, schwimmt mit dem Fisch
Steigt dann ans Ufer
Und liegt im Sand

Der Junge am Fluss, er liegt im Sand
Blickt in den Himmel, schaut in die Bäume
Der Junge am Fluss

Fällt aus den Wolken, taucht in die Fluten
Treibt mit den Wellen, schwimmt mit dem Fisch
Steigt dann ans Ufer
Und liegt im Sand

Der Junge am Fluss, er liegt im Sand
Blickt in den Himmel, schaut in die Bäume
Der Junge am Fluss

Hoffnung

Ich hatte heut Nacht eine Vision
Da war ein alter Mann auf einem Thron
Alt wie der Mensch, müde und schwer
Er schaute mich an, doch seine Augen warn leer
Er rief: Nehmt mir die Krone ab, die mich erdrückt
Nehmt mir die Krone weg, nehmt sie zurück
Ich weiß, irgendwo ist da ein Licht
Doch ich kann euch nicht führn, denn ich weiß den Weg nicht

Hoffnung – ist alles, was bleibt
Hoffnung – die die Kälte vertreibt
Hoffnung – dass die letzte Mauer fällt
Hoffnung – ist das Licht der Welt

Niemand weiß, wann – niemand weiß, wo
Worte aus Stein, es bleibt immer so
Noch weht kein Wind, aber wer weiß
Vielleicht ist niemals schon morgen vorbei

Hoffnung – ist alles, was bleibt
Hoffnung – die die Kälte vertreibt
Hoffnung – dass die letzte Mauer fällt
Hoffnung – ist das Licht der Welt

Himmel und Erde

Prinz und Prinzessin warn so verliebt
Doch sie kamen nur zusammen, wenn der Stiefvater schlief
Da gaben sie dem Alten 'nen Tollkirschentrank
Jetzt könn se sich lieben, zweitausend Stunden lang
Jetzt könn se sich lieben, zweitausend Jahre lang

Elfenbein und Ebenholz hatten sich lieb
Sie kamen nicht zusammen, der Fluss war zu tief
Da bauten sie 'ne Brücke und haben's nie bereut
Und wenn sie nicht gestorben sind, leben sie noch heut
Und wenn sie nicht gestorben sind, leben sie noch heut

Himmel und Erde liebten sich so sehr
Doch sie kamen nicht zusammen, und die Zeiten
warn schwer
Da waren zwei Menschen, die trafen vier Menschen
Die trafen acht Menschen, die trafen sechzehn Menschen
Trafen zweiunddreißig Menschen, und die hatten sich gerne
Und die bauten 'ne Leiter, wollten bis zu den Sternen
Am Schluss waren's viel mehr als hunderttausend Leut
Und wenn wir nicht gestorben sind, leben se noch heut
Und wenn wir nicht gestorben sind, leben se noch heut

Unveröffentlichtes

Alle Sorgen war'n vergessen
Benissimo
Die Botschaft
Du machst mich high
Geheimweh
Herz zerbrochen
Der Himmel
Ich sitz am Fenster
Kleiner Vogel
Liebe is Mangelware
Müde
Ratlos
Ein Song für dich
Sterbende Träume
Der Tag verstummt
Tangotanzen
Verlier dich
Vielleicht – vielleicht
Weit, weit

Alle Sorgen war'n vergessen

Suche nach dir
Kann dich nicht finden
Fühl mich ohne dich ganz außer mir

Bin ich verloren oder bin ich verliebt
Das letzte Spiel wenn's wieder nichts ist
Dann bin ich, wenn's dann nichts wird – ausgeflippt

Ich bin verloren oder verliebt
Ich kann's ja mal versuchen

Ich hab geträumt, ich wär ein Kind
Ich hatte keine Angst vorm Leben
Die Sonne gab mir was zum Essen
Ich spielte Fliegen mit dem Wind
Und alle Sorgen warn vergessen

Benissimo

Die Welt will betrogen werden
Und ich zieh den Hut
Mein Kompliment
Du kannst es schon sehr gut
Aber noch nicht gut genug
Mach's noch mal
Auf dass ich endlich sagen kann:
Nicht schlecht
Herr Specht
Jetzt war's echt
Benissimo

Die Botschaft

Sie kam in der Nacht
Niemand hat sie gesehen
Sie war da wie der Blitz
Wer hat sie gehört
Alle Gedanken sind meine Freunde

Die Botschaft

Sie kam in der Nacht
Niemand hat sie gesehen
Sie war da wie der Blitz
Wer hat sie gehört
Alle Gedanken sind meine Freunde

Verlier Dich in mir
Sonnenstrahl
Bedeck meine Träume Sternenstaub
Schwing in mein Leben
Silbervogel
singe für uns
Mein Herz
Lass mich alleine
Einsamkeit
Bring uns den Regen
Mutter
Mein Freund

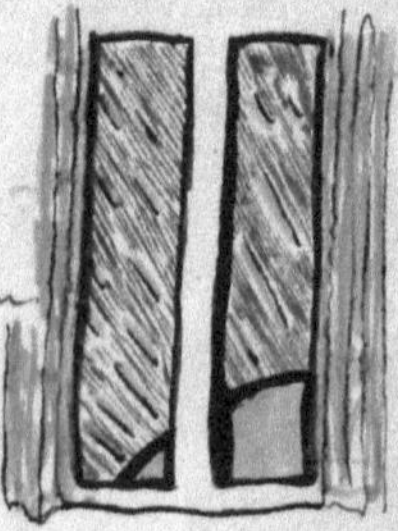

Es is in Ordnung
Es is O.K.
Erst wenn du meinst
Das ich das machen musst
Was Du machst
Sag ich nee

Du machst mich high

Du bist mein Stern
Du bist mein Schwing
Du bringst mich rauf
Wenn ich unten bin
Du machst mich high
Ohne Trips und Shit
Du kennst den Tag und die Nacht
Hast 'n Traum und bist wach
Und bringst immer die Sonne mit

Geheimweh

Ich weiß nicht
Wie, wo, warum und wann
Mach auf, wach auf
Ich suche nach Dir
Ich warte auf Dich
Aber ich kenn Dich nicht
Weck mich, aber erschreck mich nicht
Schreib mir, ruf mich an
Komm zu mir
Schenk mir 'ne Nacht mit Dir
Ich friere, mach mich warm
Du kannst es
Ich falle, halt mich fest
Lass Deine Sonne scheinen
Lass das Feuer nicht ausgehen
WER BIST DU? DU BIST ES
Du hast es

Herz zerbrochen

Ich sag's in die Nacht
Ich sag's in die Nacht
Mein Herz ist zerbrochen
Mein Herz ist zerbrochen
Is tausendmal zerbrochen
Is tausendmal zerbrochen
Und es tut weh
Es tut oh so weh
Ich sing's in die Nacht
Ich sing's in die Nacht
Du hast mein Herz zerbrochen
Du hast mein Herz zerbrochen
Hast es tausendmal zerbrochen
Hast es tausendmal zerbrochen
Und es tut weh
Es tut oh so weh
Ich schrei's in die Nacht
Ich schrei's in die Nacht
Ihr habt mein Herz zerbrochen
Ihr habt mein Herz zerbrochen
Habt es tausendmal zerbrochen
Habt es tausendmal zerbrochen
Und es tut so weh
Es tut oh so weh

Der Himmel

Der Himmel ist erobert
Der Kosmos unbesiegt
Bis zum Ende dieser Welt
Bis zum Anfang unserer Zeit
Niemand kann es wählen
Und niemand kann's befehlen
Aber jeder hat den Schlüssel
Zu dem großen Tor
Manche nennen's Himmel
Manche Paradies
Manche nennen's Frieden
Und manche Anarchie
Manche nennen's
Reich der großen Harmonie
Und
Viele haben Angst davor

Ich sitz am Fenster

Immer wenn es dunkel wird
Sitz ich hier am Fenster
Schau zu, wie die Welt sich dreht
Die Sonne untergeht
Die Straßen sind mit Menschen voll
Ich weiß nicht, mit wem ich reden soll
Ich hab ein Bett
Aber kein Zuhause
Ich lese tausend Bücher
Und ich finde keine Antwort
Selbst zwischen den Zeilen
Ist nur graues Papier
Ich weiß nicht, wohin soll ich gehen
Hab genug gehört und genug gesehen
Die vollen Bars und die leeren Worte
Ich wünschte, ich wäre bald zu Hause
Ich wünsch mir, ich wäre bald zu Haus

Kleiner Vogel

Wo is dein Nest kleiner Vogel
Wo gehörst du hin
Ich hab was für dich
Für dich Für dich
N'Dach und ne Decke
N'Bad und ein Bett
Was zu essen
Wenn du willst
Was zu trinken
Wenn du durstig bist
Ich weiß ja nicht, wozu
Du sonst noch Lust hast
Komm doch mit zu mir
Ich zeig dir was, kleiner Vogel,
Vielleicht gefällt's dir

Liebe is Mangelware

Schrei, wenn du kannst
Die Flut des Lebens
Hat mich hierhergetragen
Ich weiß nicht, vielleicht
Trägt sie mich auch wieder weg

Müde

So müde
Kein Tag will mich wecken
Komm ich zurück
Vielleicht morgen, wenn's schneit
Werd ich nicht warten
Werd mich nicht verstecken
Wer ist der Morgen
Wer ist bereit –

Der Vogel fliegt
Das Feuer brennt
Der sanfte Baum
erwartet –
mich

Ich bin müde
So müde
Kein Tag will mich wecken
Komm ich zurück
Vielleicht morgen wenns schneit –
Werd ich nicht warten
Werd mich nicht verstecken
Wer ist der morgen
Wer ist bereit –

Der Vogel fliegt – – – – –
Das Feuer brennt – – – – –
Der sanfte Baum – – – – –
erwartet –
mich

KORREKT - KONKRET - KONTEMPLATIV & KO
KOKOS - KOKS - KOMMUNE - KARAKTER & KI
KA - KE - KI - KO - KU -

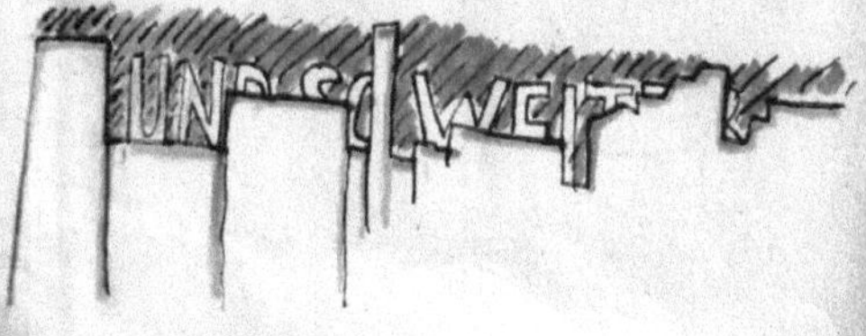

Ratlos

Ich bin immer noch ratlos
Weiß immer noch nicht
Wie die Liebe heißt und
Wo sie wohnt
Vielleicht nachts in den Sternen
In Paris oder in Bangladesch oder
Hinter dem Mond
So oft ist sie traurig wach
Und leer
Eines Tages steh ich auf
Pack meine Sachen
Und flieg zu ihr

Ein Song für dich

Dieser Song is 'n Song von mir
Dieser Song is 'n Song für dich
Vielleicht bist du heut gerade hier
Vielleicht, vielleicht hörst du mich

Dieser Song is 'n Song von gestern
Dieser Song is 'n Song für immer
Für immer wenn du traurig bist
Und allein mit deinem Zimmer

Sterbende Träume

Mein Kopf ist voll
Mit ungeborenen Sätzen
Sterbenden Träumen
Scherben und Fetzen
Vergessener Gedanken
Vergrabenen Wünschen
Versteckter Wut
Und verwelkten
Geburtstagsgeschenken

Der Tag verstummt

Geh die Straße lang
Und such nach meinen Träumen
Geh die Straße lang
Und such nach meinem Glück
Geh die Straße lang
Und muss so viel versäumen
Geh die Straße lang
Und schau nicht mehr zurück
Schau die Häuser an
Die Häuser und die Bäume
Die Bäume schau'n zurück
Und auch die Träume schau'n zurück
Langsam kommt die Nacht
Und ich bin nicht zu Hause
Langsam kommt die Nacht
Und ich dreh mich nicht um
Langsam kommt die Nacht
Und ich gehe immer weiter
Langsam kommt die Nacht und
Der Tag verstummt

Tangotanzen

Ich möchte auf dem Ku'damm Tango tanzen
Ich möchte auf unserem Dach Cannabis pflanzen
Ich wünschte, die Dealer würden den Shit nicht panschen
Und die Bundeswehr hätte nur Gummilanzen
Ich würde gerne den Papst verführen
Ich möchte einmal den Himmel berühren
Ich habe keine Angst, meine Feinde zu verlieren
Und Frieden zu finden mit Pflanzen und Tieren
Ich möchte einen Tag nicht an Kohle denken
Der KPD zweitausend Bibeln schenken
Allen Hass und Neid in Liebe ertränken
Und alle Waffen im Meer versenken
Ich wünschte, Ford und Breschnew würden zusammen pennen
Alle Regierungen sich für immer Urlaub gönnen
Dann würde ich alle zum Bundeskanzler ernennen
Und für immer das dumme Geld verbrennen
Ich möchte verstehen, was ein Baum erzählt
Und die Ostsee fragen, ob ihr noch etwas fehlt
Ich möchte Springer einen Trip in den Kaffee schmeißen
Meinen Personalausweis verreißen
Ich möchte gern den Neckermann befreien
Und ihm Geld für die Flucht nach Spanien leihen
Ich möchte einmal die Sterne küssen
Ich möchte einmal nicht sterben müssen

Verlier dich

Verlier dich zu mir
Sonnenstrahl
Bedeck meine Träume
Sternenstaub
Schwing in mein Leben
Silbervogel
Singe für mich
Mein Herz
Lass mich alleine
Einsamkeit
Bring uns den Regen
Mutter
Mein Freund

Vielleicht – vielleicht

Ich werde dich lieben
Sieben blaue Meere tief
Ich werde dich lieben
Einen Tag und eine Ewigkeit
Wenn du mich liebst
Schenk ich dir dieses Liebeslied
Wenn du mich liebst
12 × 7 Himmel hoch
Wenn du mich liebst
12 × 7 Meere tief
Wenn ich dich liebe
Einen Tag und eine Ewigkeit
Hundert Jahre sind
Keine Zeit
Keine Zeit hab ich viel
Viel zu viel habe ich immer noch
Aber eins, was ich dir
Sagen will.
Ich werde dich lieben
Und ich schenk dir
Dieses Lied
Vielleicht hast du Kinder
Vielleicht bist du einsam
Vielleicht bist du reich
Vielleicht gehst du auf
Den Strich
Vielleicht bist du in Thailand
Oder in Südafrika
Vielleicht schon gestorben
Vielleicht lebst du noch nicht

Weit, weit

Es ist so weit, weit
Von dir zu mir
All die Kohle, die ich hatte
Is längst zum Fenster raus
Alle meine Freunde sind
Längst nicht mehr im Haus
Und auch du bist weg
Weit übers Meer
Und der Platz neben mir
Ist immer noch leer
Es is so weit, weit
Weit, weit
Von dir zu mir

Zu dieser Ausgabe

Die Anordnung der von Gert Möbius für diesen Band ausgewählten Songtexte folgt der Chronologie der fünf zwischen 1971 und 1983 erschienenen Ton-Steine-Scherben-Studioalben sowie der sechs Studioalben, die Rio Reiser zwischen 1986 und 1995 veröffentlicht hat. Acht *side tracks* (Demos, Live-Aufnahmen, B-Seiten etc.) wurden anhand ihres Entstehungsdatums dem jeweiligen Studioalbum des betreffenden Zeitraums zugeordnet.

Wo immer möglich, wurde bei der Wiedergabe der Texte auf Quellen zurückgegriffen, die als autorisiert betrachtet werden können. Das gilt für die von Dirk Nishen 1985 in enger Zusammenarbeit mit der Band herausgegebene Sammlung *Ton Steine Scherben – Geschichten, Noten, Texte und Fotos aus 15 Jahren*; das gilt auch – in Ermangelung einer ähnlichen, zu Lebzeiten Rio Reisers erschienenen Sammlung – für die den Soloalben jeweils beigegebenen Textblätter. Aus Gründen der Lesbarkeit wurde die oft uneinheitlich gehandhabte oder ganz fehlende Interpunktion behutsam ergänzt. Offensichtliche Fehler im Wortlaut wurden korrigiert.

Sämtliche in den genannten Quellen enthaltenen Texte wurden mit den von Rio Reiser auf den Studioalben tatsächlich gesungenen Fassungen verglichen; Abweichungen dabei stets zugunsten der gesungenen Fassung aufgelöst. Zusätzliche Verse und Strophen, wie sie sich auf den in den 1980er Jahren veröffentlichten Maxi-Versionen einiger Stücke finden lassen (»Junimond«, »Manager« und »Ich denk an dich«), wurden berücksichtigt. Die Titelschreibweise von »Lass uns 'n Wunder sein« entspricht der Single-Veröffentlichung von 1983; die Titelschreibweisen der beiden zuerst auf LPs von Wolfgang Michels erschienenen Stücke »Ich bin müde« und »Herzverloren« folgt den postum veröffentlichten Alben *Am Piano II* (1999) bzw. *Familienalbum – Eine Hommage* (2003).

Die in diesem Band erstmals publizierten Texte aus Rio Reisers Nachlass werden in alphabetischer Reihenfolge wiedergegeben.

Dank gebührt Robert Kneschke und seiner Seite RioLyrics.de, dessen Fassungen der Songs die Grundlage für diese Ausgabe bilden.

Folgende unveröffentlichte Texte sind Rio Reisers »Buntem Buch« entnommen, das zwischen 1981 und 1985 entstand: »Müde«, »Benissimo«, »Sterbende Träume«, »Herz zerbrochen«, »Geheimweh«, »Kleiner Vogel«, »Ein Song für dich«, »Weit, weit«, »Tangotanzen«, »Verlier dich«, »Der Himmel«.

Rechtenachweise

»Alle Sorgen war'n vergessen« – Lyrics: Ralph Möbius – Mit freundlicher Genehmigung von Gert C. Möbius.
»Allein machen sie dich ein« – Music und lyrics: Ralph Steitz / Rio Reiser – Mit freundlicher Genehmigung von: »Kobrow Musikverlag GmbH und Deglaxis Verlag Gert C. Möbius«.
»Alles« – Music & lyrics: Rio Reiser – © SATV Group Germany GmbH.
»Alles Lüge« – Music & lyrics: Rio Reiser – © SATV Group Germany GmbH.
»Alles verändert sich« – Music & lyrics: Rio Reiser – Mit freundlicher Genehmigung von: »Kobrow Musikverlag GmbH und Deglaxis Verlag Gert C. Möbius«.
»Aspaltcowboy« – Music & lyrics: Rio Reiser – Mit freundlicher Genehmigung von: »Kobrow Musikverlag GmbH und Deglaxis Verlag Gert C. Möbius«.
»Bei Nacht« – Music & lyrics: Rio Reiser – © SATV Group Germany GmbH.
»Benissimo« – Ralph Möbius – Mit freundlicher Genehmigung von Gert C. Möbius.
»Bis ans Ende der Welt« – Music & lyrics: Rio Reiser – © SATV Group Germany GmbH.
»Bleib wo du bist« – Music & lyrics: Ralph Möbius – Mit freundlicher Genehmigung von: »Kobrow Musikverlag GmbH und Deglaxis Verlag Gert C. Möbius«.

»Blinder Passagier« – Music & lyrics: Rio Reiser – © SATV Group Germany GmbH.

»Der Himmel« – Ralph Möbius – Mit freundlicher Genehmigung von Gert C. Möbius.

»Der Junge am Fluss« – Music & lyrics: Rio Reiser / Volker Griepenstroh – © SATV Group Germany GmbH.

»Der Sommer kommt« – Music & lyrics: Rio Reiser – © SATV Group Germany GmbH.

»Der Tag verstummt« – Lyrics: Ralph Möbius – Mit freundlicher Genehmigung von Gert C. Möbius.

»Der Traum ist aus« – Music & lyrics: Ralph Möbius – Mit freundlicher Genehmigung von: »Kobrow Musikverlag GmbH und Deglaxis Verlag Gert C. Möbius«.

»Der Turm stürzt ein« – Music & lyrics: Ralph Möbius – Mit freundlicher Genehmigung von: »Kobrow Musikverlag GmbH und Deglaxis Verlag Gert C. Möbius«

»Die Botschaft« – Lyrics: Ralph Möbius – Mit freundlicher Genehmigung von Gert C. Möbius.

»Du bist es« – Lyrics: Hannes Eyber / Refrain: Ralph Möbius – © SATV Group Germany GmbH.

»Du machst mich high« – Ralph Möbius – Mit freundlicher Genehmigung von Gert C. Möbius.

»Du – über alles« – Music & lyrics: Rio Reiser – © SATV Group Germany GmbH.

»Durch die Wüste« – Music & lyrics: Ralph Steitz / Ralph Möbius – Mit freundlicher Genehmigung von: »Kobrow Musikverlag GmbH und Deglaxis Verlag Gert C. Möbius«.

»Ein Song für dich« – Ralph Möbius – Mit freundlicher Genehmigung von Gert C. Möbius.

»Feierabend« – Music & lyrics: Ralph Steitz / Ralph Möbius – Mit freundlicher Genehmigung von: »Kobrow Musikverlag GmbH und Deglaxis Verlag Gert C. Möbius«.

»Frühlingssturm« – Music & lyrics: Rio Reiser – Mit freundlicher Genehmigung von: »Kobrow Musikverlag GmbH und Deglaxis Verlag Gert C. Möbius«.

»Für immer und dich« – Music & lyrics: Rio Reiser – © SATV Group Germany GmbH.

»Gefahr« – Music & lyrics: Rio Reiser / Peter Möbius – © SATV Group Germany GmbH.

»Geheimweh« – Ralph Möbius – Mit freundlicher Genehmigung von Gert C. Möbius.

»Geld« – Music & lyrics: Rio Reiser – © EMI KICK MUSIKVERLAG GmbH & Co Kg. / SATV Group Germany GmbH.

»Gib mir was ab« – Music & lyrics: Rio Reiser – © SATV Group Germany GmbH.

»Halt dich an deiner Liebe fest« – Music & lyrics: Ralph Steitz / Ralph Möbius – Mit freundlicher Genehmigung von: »Kobrow Musikverlag GmbH und Deglaxis Verlag Gert C. Möbius«.

»Herbst« – Music & lyrics: Rio Reiser – © SATV Group Germany GmbH.

»Herzverloren« – Music & lyrics: Wolfgang Michels / Ralph Möbius – Mit freundlicher Genehmigung von: »Kobrow Musikverlag GmbH und SMV Schacht Musikverlage GmbH & Co KG«.

»Herz zerbrochen – Lyrics: Ralph Möbius – Mit freundlicher Genehmigung von Gert C. Möbius.

»Heut Nacht« – Ralph Steitz / Ralph Möbius – Mit freundlicher Genehmigung von: »Kobrow Musikverlag GmbH und Deglaxis Verlag Gert C. Möbius«.

»Himmel und Erde« – Music & lyrics: Rio Reiser – © SATV Group Germany GmbH.

»Hoffnung« – Music & lyrics: Rio Reiser – © SATV Group Germany GmbH.

»(Ich bin irgendwo) Zwischen Null und Zero« – Music & lyrics: Rio Reiser – © SATV Group Germany GmbH.

»Ich bin müde« – Music & lyrics: Wolfgang Michels / Ralph Möbius – © by SMV Schacht Musikverlage GmbH & Co. KG.

»Ich denk an dich« – Music & lyrics: Rio Reiser / Harald Steinhauer / Marianne Rosenberg / Mats Bjorklund – © SATV Group Germany GmbH.

»Ich leb doch« – Music & lyrics: Rio Reiser – © SATV Group Germany GmbH.

»Ich sitz am Fenster« – Lyrics: Ralph Möbius – Mit freundlicher Genehmigung von Gert C. Möbius.

»Ich will ich sein« – Music & lyrics: Ralph Steitz / Ralph Möbius – Mit freundlicher Genehmigung von: »Kobrow Musikverlag GmbH und Deglaxis Verlag Gert C. Möbius«.

»Irrlicht« – Music & lyrics: Rio Reiser – © SATV Group Germany GmbH.

»Jenseits von Eden« – Music & lyrics: Ralph Steitz / Ralph Möbius – Mit freundlicher Genehmigung von: »Kobrow Musikverlag GmbH und Deglaxis Verlag Gert C. Möbius«.

»Junimond« – Music & lyrics: Rio Reiser / Martin Hartmann – © SATV Group Germany GmbH / Am Ende des Tages Edition.

»Keine Macht für Niemand« – Music & lyrics: Ralph Steitz / Ralph Möbius – Mit freundlicher Genehmigung von: »Kobrow Musikverlag GmbH und Deglaxis Verlag Gert C. Möbius«.

»Kleiner Vogel« – Lyrics: Ralph Möbius – Mit freundlicher Genehmigung von Gert C. Möbius.

»Komm schlaf bei mir« – Music & lyrics: Ralph Möbius – Mit freundlicher Genehmigung von: »Kobrow Musikverlag GmbH und Deglaxis Verlag Gert C. Möbius«.

»König von Deutschland« – Music & lyrics: Rio Reiser – © SATV Group Germany GmbH.

»Krieg« – Music & lyrics: Rio Reiser – © SATV Group Germany GmbH.

»Land in Sicht« – Music & lyrics: Ralph Steitz / Ralph Möbius – Mit freundlicher Genehmigung von: »Kobrow Musikverlag GmbH und Deglaxis Verlag Gert C. Möbius«.

»Lass mich los« – Music & lyrics: Rio Reiser, Ralph Steitz – © SATV Group Germany GmbH.

»Lass mich schlafen« – Music & lyrics: Rio Reiser – © SATV Group Germany GmbH.

»Lass uns ’n Wunder sein« – Music & lyrics: Ralph Steitz / Ralph

Möbius – Mit freundlicher Genehmigung von: »Kobrow Musikverlag GmbH und Deglaxis Verlag Gert C. Möbius«.

»Liebe is Mangelware« – Lyrics: Ralph Möbius – Mit freundlicher Genehmigung von Gert C. Möbius.

»Manager« – Music & lyrics: Rio Reiser – © SATV Group Germany GmbH.

»Mein Name ist Mensch« – Music & lyrics: Ralph Möbius – Mit freundlicher Genehmigung von: »Kobrow Musikverlag GmbH und Deglaxis Verlag Gert C. Möbius«.

»Menschenfresser« – Music & lyrics: Rio Reiser – © SATV Group Germany GmbH.

»Mitten in der Nacht« – Music & lyrics: Rio Reiser – © SATV Group Germany GmbH.

»Mole Hill Rockers« – Music & lyrics: Ralph Steitz & Ralph Möbius – Mit freundlicher Genehmigung von: »Kobrow Musikverlag GmbH und Deglaxis Verlag Gert C. Möbius«.

»Müde« – Lyrics: Ralph Möbius – Mit freundlicher Genehmigung von Gert C. Möbius.

»Nach Hause« – Music & lyrics: Rio Reiser – © SATV Group Germany GmbH.

»Normal« – Music & lyrics: Rio Reiser – © SATV Group Germany GmbH.

»Ratlos« – Lyrics: Ralph Möbius – Mit freundlicher Genehmigung von Gert C. Möbius.

»Rauch-Haus-Song« – Music & lyrics: Ralph Möbius – Mit freundlicher Genehmigung von: »Kobrow Musikverlag GmbH und Deglaxis Verlag Gert C. Möbius«.

»Schritt für Schritt ins Paradies« – Music & lyrics: Ralph Steitz / Ralph Möbius – Mit freundlicher Genehmigung von: »Kobrow Musikverlag GmbH und Deglaxis Verlag Gert C. Möbius«.

»Sei mein Freund« – Music & lyrics: Rio Reiser – Mit freundlicher

Genehmigung von: »Kobrow Musikverlag GmbH und Deglaxis Verlag Gert C. Möbius«.

»So allein« – Music & lyrics: Rio Reiser – © SATV Group Germany GmbH.

»Sterbende Träume« – Lyrics: Ralph Möbius – Mit freundlicher Genehmigung von Gert C. Möbius.

»Sternchen« – Music & lyrics: Rio Reiser – © SATV Group Germany GmbH.

»Stiller Raum« – Music & lyrics: Rio Reiser – © SATV Group Germany GmbH.

»Tangotanzen« – Lyrics: Ralph Möbius – Mit freundlicher Genehmigung von Gert C. Möbius.

»Träume« – Music & lyrics: Rio Reiser – © SATV Group Germany GmbH.

»Übers Meer« – Music & lyrics: Rio Reiser – © SATV Group Germany GmbH.

»Verlier dich« – Lyrics: Ralph Möbius – Mit freundlicher Genehmigung von Gert C. Möbius.

»Vielleicht – vielleicht« – Lyrics: Ralph Möbius – Mit freundlicher Genehmigung von Gert C. Möbius.

»Vier Wände« – Music & lyrics: Rio Reiser – © SATV Group Germany GmbH.

»Wann?« – Music & lyrics: Rio Reiser – © SATV Group Germany GmbH.

»Was weiß ich« – Music & lyrics: Rio Reiser, Ralph Steitz – © SATV Group Germany GmbH.

»Weit, weit« – Lyrics: Ralph Möbius – Mit freundlicher Genehmigung von Gert C. Möbius.

»Wenn die Nacht am tiefsten …« – Music & lyrics: Ralph Steitz / Ralph Möbius – Mit freundlicher Genehmigung von: »Kobrow Musikverlag GmbH und Deglaxis Verlag Gert C. Möbius«.

»Wo sind wir jetzt« – Music & lyrics: Ralph Steitz / Ralph Möbius –

Mit freundlicher Genehmigung von: »Kobrow Musikverlag GmbH und Deglaxis Verlag Gert C. Möbius«.

»Wohin gehn wir« – Music & lyrics: Rio Reiser / Manuel Kerbl – © SATV Group Germany GmbH.

»Zu Hause« – Music & lyrics: Rio Reiser – © SATV Group Germany GmbH.

»Ein Happy End sollte es schon geben« – Rio Reisers Songpoesie

von Oliver Kobold

I

Es beginnt in einem Jugendzimmer irgendwo in Nürnberg, und es beginnt auf Englisch, wie auch sonst. Mit auf Tonband festgehaltenen, selbstgeschriebenen Songs, die »I'll Be back«, »I Wrote So Many Letters« oder »World of Today« heißen und nach den Besten klingen, also nach den Beatles und den Rolling Stones, nach den Kinks und Bob Dylan. Ralph Möbius – nennen wir ihn gleich Rio Reiser – ist da noch ein vierzehn-, fünfzehnjähriger Teenager, dem gar nichts anderes übrig bleibt, als auf Englisch zu singen, wenn er sich selbst auf der akustischen Gitarre oder am Klavier begleitet. Zwar machen sich die Liedermacher auf der Burg Waldeck ungefähr zur selben Zeit daran, mit deutschen Texten dem sich in restaurativer Behaglichkeit einrichtenden Wirtschaftswunderland den Spiegel vorzuhalten. Mit Rockmusik hat das aber eher wenig zu tun. Der Beweis, dass die auch auf Deutsch funktionieren kann, steht noch aus. Nicht zuletzt Rio Reiser wird ihn erbringen:

> Wir deutschen Musiker haben eine andere Geschichte als die amerikanischen und britischen Kollegen. Wir mußten immer gegen den Vorwurf kämpfen, die Sprache sei nicht singbar. Wir sind mit der Machete durch den Busch gelaufen. Denn vor uns gab es ja nichts außer Drafi Deutscher mit »Marmor, Stein und Eisen bricht«.[1]

1 Zit. nach: Martin Scholz, »Die Revolution verläßt ihre Kinder«, in: *Rolling Stone* 2 (1996) S. 42.

Der Kahlschlag liefert schnell überzeugende Ergebnisse. Zu den ersten deutschen Stücken, die ab Ende der 1960er Jahre entstehen und von Reiser zu Hause aufgenommen werden, gehört »Asphaltcowboy« – ein offen schwules Liebeslied, geschrieben in finsteren Zeiten, als an die Abschaffung des Paragraphen 175 noch nicht zu denken ist. In Bildsprache und Tonfall nimmt »Asphaltcowboy« bereits viel vom Kommenden vorweg: »Ja, ich bin vom andern Ufer / Und der Fluss ist unsre Angst / Lass deine Sonne scheinen, Asphaltcowboy / Und der Fluss wird festes Land«. John Schlesingers Film gleichen Titels mit Dustin Hoffman als glücklosem Gigolo, der seine Dienste sowohl Frauen als auch Männern anbietet, war gerade in die deutschen Kinos gekommen.

Der junge Rio Reiser schreibt nicht nur für die Schublade. Schon 1964 rekrutieren Peter und Gert Möbius ihren kleinen Bruder für eine zusammen mit einigen Mitstreitern gegründete Wanderbühne und ernennen ihn kurzerhand zum »Hauskomponisten«. Hoffmanns Comic Teater (HCT) begreift sich als rollende moralische Anstalt mit bilderstürmerischem Auftrag. Selbst das fehlende »h« soll mithelfen, dem bürgerlichen Schauspiel den Garaus zu machen. Das Ensemble passt auf einen Traktor, das Bühnenbild in einen selbstbemalten Anhänger. Getingelt wird über die Dörfer, gespielt auf öffentlichen Plätzen in der bayerischen Provinz. Auf dem Programm stehen mit Masken dargebotene Possenspiele und Volksstücke in vordergründig alter Manier, doch stets neu verfasst und vor allem popinformiert. Dafür sorgt nicht zuletzt die Musik, die der Hauskomponist passgenau zu den Texten der anderen liefert. Nicht als schnöder Ralph Möbius und noch nicht als weithin bekannter Rio Reiser. Das Pseudonym der frühen Jahre lautet: David Volksmund. Noch ein Künstlername mit einem erstaunlich langen Haltbarkeitsdatum.

Die Arbeit für das HCT setzt sich auch dann fort, als die Familie einmal mehr umziehen muss, weil Vater Möbius eine neue Stelle angeboten bekommt, dieses Mal im Hessischen. Reiser beginnt eine Fotografenlehre und bricht sie nach einem Jahr wieder ab; danach schreibt er sich, um die Eltern zu beruhigen, für ein Cello-Studium am Konservatorium in Offenbach ein. Die Lehrer sind gnädig, sie drücken beide Augen zu, als ihr Schüler den Unterricht erst gelegentlich, dann immer regelmäßiger schwänzt. In Nieder-Roden im Rodgau lernt Reiser den gleichaltrigen Ralph Peter Steitz kennen. Es wird eine Freundschaft fürs Leben. R. P. S. Lanrue, wie er sich bald nennen wird, spielt Schlagzeug bei den Beatkinks und holt Reiser als Sänger in seine Band. Später, in Berlin, wechselt er das Instrument und wird der Gitarrist, ohne den man sich Ton Steine Scherben einfach nicht vorstellen kann. Lanrue, der zusammen mit Reiser die Musik der meisten Scherben-Songs geschrieben hat, stirbt im Juli 2024.

Eigentlich hat Reiser gar keine Lust, nach Berlin, immerhin seine Geburtsstadt, zurückzukehren. Doch er folgt dem Ruf von Peter und Gert, die ihm schon vorausgeeilt sind. Schließlich gilt es für die »Gebr. Möbius«, gemeinsam Großes auf die Beine zu stellen: *Robinson 2000*, die, so verkündet es schließlich stolz das Plakat, »erste Beatoper der Welt«. Dass das Forum Theater während der zehn Vorstellungen im Sommer 1967 nur schwach besucht ist – geschenkt. Als Eintrittskarte für den großstädtischen Kulturbetrieb taugt *Robinson 2000* allemal. Hoffmanns Comic

Teater, verstärkt um Lanrue, schlägt seine Zelte dauerhaft in Berlin auf und stemmt allein im Jahr 1968 vier Produktionen. Sogar ein Fernseh-Musical für das ZDF wird realisiert. Der Titel allein rechtfertigt schon die Gebührengelder: *Drehorgelwalzenwelthit.*

Für die Experimenta in Frankfurt entsteht 1969 *Rita & Paul.* Das Stück ist nicht wie die früheren des HCT im ungefähren Einst der Volksbücher angesiedelt, es ergeht sich auch nicht in knallbunten Zukunftsvisionen. Die Geschichte der zum Scheitern verurteilten Liebe zwischen Fabrikantentochter und Arbeitersohn verhandelt die konkrete Gegenwart der überwiegend jungen Zuschauer.

Und noch eine Premiere. Erstmals schreibt Reiser für eine Aufführung konzise Songs. Darunter zwei, die das Publikum mit Vehemenz dazu aufrufen, das Schicksal endlich in die eigenen Hände zu nehmen: »Alles verändert sich / Wenn du es veränderst« und, »Macht kaputt, was euch kaputt macht«. Es ist – die Nürnberger Band Ihre Kinder, die im selben Jahr ihre erste LP veröffentlicht, mag verzeihen – die Stunde null der deutschsprachigen Rockmusik. Beide Stücke werden kurz darauf auch auf dem Debütalbum von Ton Steine Scherben landen.

II

Seit 2016, seit Erscheinen der *Blackbox*, einer gewaltigen, sechzehn CDs umfassenden Sammlung aus Rio Reisers Nachlass, kann man sich das alles anhören. Also all das, was sich an Material aus den Tagen vor den Scherben im Archiv auftreiben ließ, die Homerecordings aus dem Elternhaus oder die Experimente mit Theatermusik. Sogar von der »ersten Beatoper der Welt« haben sich einige Demos und Mitschnitte erhalten und senden verrauschte Nachrichten aus einer unendlich fern scheinenden Zeit.

Aber die *Blackbox* erschöpft sich nicht im Kompilieren von Jugendwerken und ersten künstlerischen Gehversuchen. Als eine Art Gesamtschau dokumentiert sie fast alle von Reisers Arbeiten abseits jener elf Studioalben, die er mit Ton Steine Scherben und unter eigenem Namen veröffentlicht hat.

Schon die Quantität des präsentierten Materials verblüfft. Die Chronologie weist praktisch keine Lücken auf. Kaum ein Jahr, in dem Reiser nicht die Musik oder die Texte oder beides für ein Theaterstück, einen Film, eine Kinderplatte, ein Hörspiel, eine Revue, ein Musical oder für die Alben befreundeter Kolleginnen und Kollegen geschrieben hat. Der permanente kreative Output, den die *Blackbox* belegt, nimmt den teils langen Pausen zwischen den regulären, den ›großen‹ Veröffentlichungen einiges von ihrem Mysterium. Sowieso sollte man in Bezug auf Reisers Werk künftig etwas vorsichtiger mit Begriffen wie ›Bruch‹, ›Zäsur‹ oder ›Neuanfang‹ hantieren. Dafür erscheint sowohl die Grenze zwischen der Scherben- und der Solo-Zeit als auch die zwischen vermeintlichem Hauptwerk und vermeintlichen Nebenprojekten dann doch zu durchlässig.

Mit den für Theater, Film und andere Anlässe geschriebenen Stücken verfügte Rio Reiser über einen Materialfundus, auf den er immer wieder zurückgreifen konnte. Meistens fiel es dem Publikum gar nicht auf, wenn ein ›neues‹ Album auch ›alte‹ Lieder enthielt. Und das, obwohl zwischen der Entstehung eines Songs, seiner Uraufführung auf der Bühne und seiner letztendlichen Berücksichtigung auf einer LP durchaus Jahre, im Extremfall sogar Jahrzehnte liegen konnten. Was nicht zuletzt für die Lieder spricht, die es jeweils schafften, ihre Qualität auch in einem zeitlich und inhaltlich gänzlich anderen Kontext als dem ursprünglichen zu behaupten.

Beispiele für solche Wiedervorlagen enthält auch der vorliegende Band, »Bleib wo du bist« vom Scherben-Album *IV* (1981) etwa, das sich zurückverfolgen lässt bis zu »When I Come Back«, einem von Reisers englisch gesungenen Jugendzimmer-Versuchen. Aus der Erzählung von Liebe und Abschied wird 15 Jahre später die dringende Aufforderung an ein ungeborenes Kind, sich das mit dem Auf-die-Welt-Kommen doch noch einmal gut zu überlegen. »Geld« wiederum, geschrieben bereits 1978 (und in Zeiten großer finanzieller Not) für Gert Möbius' Film *Der 8. Tag*, fand seinen endgültigen Platz erst auf dem Soloalbum *** von 1990. Und »Alles Lüge« sowie »Junimond«, zwei Stücke, die einem mit am schnellsten einfallen, wenn man an Reisers Solokarriere denkt, waren ursprünglich Scherben-Songs, vorgesehen für eine nicht mehr zustande gekommene sechste LP. Aber den längsten zeitlichen Vorlauf hatte wohl »Wohin gehn wir« vom Album *Über alles* (1993). Bis aus der textlich eher schlichten Skizze »Words Mean Nothing«, die Reiser zu erwähntem ZDF-Film *Drehorgelwalzenwelthit* beigesteuert hatte, eine seiner schönsten Trennungsballaden geworden war, dauerte es volle 25 Jahre. Ein Lied konnte also schon mehrere Transformationen hinter sich haben, wenn es schließlich veröffentlicht wurde. Reisers größter Hit bildet da keine Ausnahme.

»Was würdest du als Erstes machen, wenn du König von Deutschland wärst?« Die Mitglieder der Scherben-Kommune vom Tempelhofer Ufer 32 in Kreuzberg müssen nicht lange überlegen. Es ist ein Tag Mitte der 1970er Jahre. Neben den Bandmitgliedern sitzen auch einige Jugendliche mit am Tisch. Sie wurden von ihren Eltern vor die Tür gesetzt, manche sind auch aus Heimen abgehauen. Bei den Scherben haben sie ein neues Zuhause gefunden. Alle zusammen spielen sie nun »Was wäre, wenn …?« Im zweiten Heft des wild collagierten und im Selbstvertrieb unter die Leute gebrachten Scherben-Magazins *Guten Morgen* sind die damaligen Antworten auf die Königsfrage abgedruckt. Die potentiellen neuen Monarchinnen und Monarchen wollen erst einmal eine ganze Menge abschaffen: Gesetze, Bullen, Geld, Gefängnisse, Bundeswehr. Und Rio Reiser? Der schließt sich an. »Ich würde zuerst alle Arten von tötungsmaschinen [sic!] verbieten«[2], gibt er zu Protokoll.

Aus dem Gedankenspiel wird ein Lied, die Scherben spielen es sogar ein paarmal, ehe es rasch wieder aus dem Programm fliegt. Auch über zehn Jahre später, zu Beginn von Reisers Solokarriere, hält sich die Begeisterung zunächst in Grenzen. Plattenfirma und Management räumen »Alles Lüge« und »Junimond« deutlich größere kommerzielle Chancen ein. »König von Deutschland« wird erst im Herbst 1986 und als dritte Singleauskopplung aus dem bereits im Frühsommer erschienenen Album *Rio I.* ins Rennen geschickt. Würde man einen Hit erwarten, würde man anders vorgehen. Das Stück wird trotzdem ein Erfolg.

2 Zit. nach: Dirk Nishen, *Ton Steine Scherben – Geschichten, Noten, Texte und Fotos aus 15 Jahren*, Berlin 1985, S. 14.

Und plötzlich kommen Reisers Platten doch noch ganz groß raus.

Von »tötungsmaschinen« singt Reiser in »König von Deutschland« zwar nicht, vom Rüstungswahnsinn im Kalten Krieg und was sich dagegen tun ließe, aber schon. Er formuliert es nur ein bisschen anders: »Ich käm viel rum, würd nach Ju-Es-Ah reisen / Ronny mal wie Waldi in die Waden beißen«. Wobei – wer »Ronny« war (der damalige US-Präsident Ronald Reagan) oder auch »der Strauß« (CSU-Politiker Franz Josef Strauß), oder welche Sendung Robert Lembke moderiert hat, dürfte nur noch Leuten geläufig sein, die Mitte der 1980er Jahre zumindest die Pubertät erreicht hatten. Einst konnte der Text, der einen Aktualitätsmarker nach dem nächsten setzt, auf die Informiertheit seiner Zuhörer vertrauen. Heute bräuchten die Jüngeren zum Verständnis aller Anspielungen einen Zeilenkommentar.

Sogar noch stärker trifft das auf die Version zu, die Reiser 1994 für ein Best-of-Album aufgenommen und für die er das Personal, das »König von Deutschland« heimsucht wie ein böser Spuk, einem Zeitlifting unterzogen hat. Vier Jahre nach der Wiedervereinigung bekommt es der Regent nun mit deutsch-deutschen Verwerfungen zu tun. Mit »Birgit Broiler« (lies: Breuel) und der Treuhand oder mit Schalck-Golodkowskis windigen Devisengeschäften. Immerhin sorgen einige ehemalige Thomaner-Chorknaben für ein bisschen Ablenkung: »Ich würd die Prinzen täglich wechseln / Würd sie zweimal baden«. Aber »die Birne endlich mal aus der Fassung [zu] bringen«, das gelingt auch diesmal nicht, Update hin oder her. Helmut Kohl bleibt noch für weitere vier Jahre Bundeskanzler.

Klar, zum Hit wurde »König von Deutschland« nicht wegen oder trotz seiner Bezugnahmen auf den Politik- und Unterhaltungsbetrieb. Sondern weil das Gedankenexperiment aus der Scherben-Kommune nichts von seinem Reiz eingebüßt hatte. Weil der Refrain alle einlud, doch selbst einmal zu überlegen, was sie bei entsprechendem Einfluss neu, besser oder zumindest anders machen würden. Ein Song über Macht mithin und über einen alternativen Umgang mit ihr. Spielerisch, humorvoll und – »bei der Bundeswehr gäb es nur noch Hitparaden« – ohne Säbelrasseln.

Was letztlich »König von Deutschland« sogar als späten, deutlich gelasseneren Bruder eines Scherben-Songs wie »Keine Macht für Niemand« erscheinen lässt; Reiser selbst hat in einem Interview auf die Parallele hingewiesen.[3] Überhaupt: Das Spiel mit den Konjunktiven, »wie es wäre, wenn ich nicht der wäre, der ich bin«, und die Welt nicht die wäre, die sie ist, sondern friedlicher, gerechter, dem Ideal ein bisschen näher – ist das nicht genau die Haltung vieler klassischer Stücke von Ton Steine Scherben? »Ich hab geträumt / Der Winter wär vorbei / Du warst hier / Und wir warn frei / Und die Morgensonne schien«, singt Reiser in »Der Traum ist aus«. Erst aus dem Wissen, wie es eben auch sein könnte, erwächst die Kraft, sich mit dem schlechten Bestehenden nicht abzufinden: »Der Traum ist aus / Der Traum ist aus / Aber ich werde alles geben / Dass er Wirklichkeit wird«.

3 Vgl. Hollow Skai, *Das alles und noch viel mehr. Rio Reiser – Die inoffizielle Biografie des Königs von Deutschland*, München 2006, S. 119.

Bei den Scherben ist Reisers Songpoesie eine des Unterwegsseins, des Auf-etwas-Zuhaltens. Das bessere Bald scheint zwar fern, aber – und darauf legen die Texte ihre ganze Emphase – es muss nicht Utopie bleiben, es kann tatsächlich erreicht werden: »Ich weiß, wir werden kämpfen / Und ich weiß, wir werden siegen / Ich weiß, wir werden leben / Und wir werden uns lieben / Der Planet Erde / Wird uns allen gehörn / Und jeder wird haben, was er braucht«. Ihr Vokabular verdanken Stücke wie »Mein Name ist Mensch«, »Schritt für Schritt ins Paradies« oder »Wenn die Nacht am tiefsten ist / Ist der Tag am nächsten« Bertolt Brechts Lehrstücken ebenso wie den Büchern Karl Mays und der in ihnen aufflackernden Sehnsucht nach universaler Verständigung.

Vor allem aber der Bibel. Es sind Lieder der Heilgewissheit, und Reisers Ton in ihnen ähnelt dem eines Predigers, eines Propheten auch, der »Land in Sicht« ruft und damit eines jenseits der verwalteten Welt meint. Nie wird, wer zuhört, ohne Hoffnung entlassen. Am Ende von »Durch die Wüste« ist Vogelgezwitscher zu vernehmen.

Ausbalanciert wird der leidenschaftliche Ernst solcher Lyrics von der maximal pathosfernen Stimme Rio Reisers. Und natürlich vom atmenden, immer wieder von langen Instrumentalpassagen geprägten Hard-, Blues- und Psychedelic-Rock der Scherben, der vielleicht von Virtuosität nichts weiß, von Selbstermächtigung und Gefühl dafür umso mehr:

> Wer hat denn in die Welt gesetzt, daß Rock was mit Ordnung zu tun hat, mit Tempo halten, exakter Dreistimmigkeit, gestimmten Gitarren und gepflegten Soli?

Ich nicht. Wenn es bei Rockmusik um etwas geht, dann um Ekstase[4]

So schreibt Reiser noch 1990 im *Spiegel.* Beides zusammen, Stimme und Musik, sorgt beim Hören der Scherben-Platten dafür, dass einen die großen Begriffe, die Reiser verwendet, die Naturmetaphern und Allegorien und Donnerworte umstandslos erreichen, berühren und nicht zuletzt ermutigen. Vermutlich, *gerade weil* die an den Zuständen geübte Kritik oft merkwürdig vage bleibt und über das Artikulieren eines diffusen Unbehagens nicht hinauskommt.

Nach mindestens Veränderung, wenn nicht Umsturz klingen diese Lieder trotzdem. Sie rufen zu Solidarität auf und unterbreiten ein Identifikationsangebot, dem man sich kaum entziehen kann. Darin liegt ihre bis heute intakt gebliebene Kraft: »Du hörst mich singen / Aber du kennst mich nicht / Du weißt nicht, für wen ich singe / Aber ich sing für dich«.

III

»Unser Publikum«, erklären die Scherben Ende 1970 im Manifest »Musik ist eine Waffe«, »sind Leute unserer Generation: Lehrlinge, Rocker, Jungarbeiter, ›Kriminelle‹, Leute in und aus Heimen. Von ihrer Situation handeln unsere

4 Rio Reiser, »Kann Mick Jagger singen?«, in: *Der Spiegel* 22 (1990): https://www.spiegel.de/kultur/kann-mick-jagger-singen-a-624cdecc-0002-0001-0000-000013500940?context=issue (Letzter Zugriff am 10. 9. 2024).

Songs.«[5] Natürlich nicht alle und auch nicht die besten, die wirkmächtigsten aber schon. Solche, deren Titel einem heute noch auf Brückenpfeilern, Häuserwänden und T-Shirts begegnen können: »Macht kaputt, was euch kaputt macht«, »Keine Macht für Niemand«, »Ich will nicht werden, was mein Alter ist«. Sie alle verbannen die Metapher zugunsten der Parole. Der Generationenkonflikt, das Aufbegehren gegen eine autoritäre Gesellschaft, die vom Vergangenen nichts wissen will und die Gegenwart gegen Veränderungen abdichtet, wird in der Sprache der unmittelbar Betroffenen besungen. Sowieso fehlt nicht nur den wenigen wirklich aktionistischen Texten jeder zeittypische Theorie-Dünkel. Auch beim Thema Klassenkampf: »Besuch doch heut Abend deinen Chef / Und fahr mit seinem Mercedes weg / Gib ihm doch endlich seinen Lohn / Mach dich auf die Socken, er wartet schon«.

Musik kann vielleicht eine Waffe sein, wenn sie das Bestehende als veränderbar zeigt, wenn sie zur Tat aufruft und ein Gefühl von Gemeinschaftlichkeit erzeugt. Aber selbst in politische Dienste genommene Kunst bleibt immer noch Kunst. Und wird, wie bei den Scherben-Konzerten zu Beginn der 1970er Jahre, der doch eigentlich fürs Mut- und Mitmachen völlig ausreichende Rock 'n' Roll auch von noch so viel agitatorischem Zusatzmaterial flankiert: von Diashows, Durchsagen, Ankündigungen, Diskussionen und Rezitationen aus der Mao-Bibel.

Zum wirklichen Durchbrechen der vierten Wand kommt es erst, wenn die Musik vorbei ist und das Licht in der Halle abgedreht. Im Juli 1971 treten Ton Steine Scherben in der

5 Zit. nach: Nishen, *Ton Steine Scherben* (s. Anm. 2), S. 27.

Mensa der Berliner TU auf. Die gesamte erste Seite ihrer Debüt-LP *Warum geht es mir so dreckig?* wird später aus Mitschnitten von diesem Konzert bestehen, an dessen Ende Rio Reiser das Publikum dazu aufruft, zusammen mit der Band zum Mariannenplatz aufzubrechen und dort ein leeres Haus zu besetzen. Mit dieser Aktion beginnt, was Gert Möbius später die »Eroberung von Kreuzberg«[6] nennen wird. Gemeint ist die Wiederaneignung eines vom Berliner Senat zum Spekulationsobjekt freigegebenen Stadtteils. Im besetzten Haus entsteht das erste selbstverwaltete Jugendzentrum der Stadt. »Allein machen sie dich ein«, der Song, den die Scherben den Jugendlichen als Grußbotschaft senden, wird auf einer in Heimarbeit hergestellten Schallfolie veröffentlicht, bestimmt zur sofortigen Verbreitung. »45 Umdrehungen, schweren Tonarm benutzen«, rät das Cover vorsichtshalber. Die B-Seite gehört einem Lied der Frauenbefreiungsfront.

Den Vertrieb ihrer Alben nehmen die Scherben ebenfalls in die eigenen Hände. Die Platten erscheinen – Reisers alter Künstlername wird reaktiviert – auf dem bandeigenen David-Volksmund-Label. Als Logo dient die Zeichnung eines sogenannten Katschis, einer Zwille. In diesem Fall trägt der vom kleinen David angegriffene Goliath den Namen »Plattenindustrie«.

Auch wenn sie nur direkt in Berlin bestellt oder in ausgewählten linken Buchläden gefunden werden können, verkaufen sich die Platten der Scherben gut. *Keine Macht für*

6 Gert Möbius, »Hoffmanns Comic Teater, Rote Steine, Ton Steine Scherben 1969–1971«, in: Nishen, *Ton Steine Scherben* (s. Anm. 2), S. 17.

Niemand (1972), das zweite Album mit dem ikonischen Krakelschrift-auf-weißem-Hintergrund-Cover, wird zu einem ersten Meilenstein der deutschsprachigen Rockmusik. Es enthält auch den einzigen *topic song* des gesamten Scherben-Katalogs. So szenisch wie ein Theaterstück hält der »Rauch-Haus-Song« die Ereignisse rund um eine weitere Hausbesetzung am Kreuzberger Mariannenplatz fest. Auch sie gelang. Aus dem ehemaligen Schwesternwohnheim des leerstehenden Bethanien-Krankenhauses wurde ein Zufluchtsort für Jugendliche, der bis heute besteht. Und dank des Songs kennt man ebenfalls bis heute die Namen dreier ansonsten längst vergessener Immobilienhaie, deren skrupellose Pläne mit vereinten Kräften durchkreuzt werden konnten. »Und wir schreien's laut: / ›Ihr kriegt uns hier nicht raus! / Das ist unser Haus – schmeißt doch endlich / Schmidt und Press und Mosch aus Kreuzberg raus!‹« Benannt wird das besetzte Haus nach Georg von Rauch, einem nur wenige Tage zuvor von der Polizei erschossenen, sich zu den Tupamaros West-Berlin zählenden Stadtguerillero. Die Scherben trauern um ihn im ersten Heft ihres *Guten Morgen*-Magazins.

Auch sonst gibt es Berührungen zum gewaltbereiten Teil der linken Aufbruchsbewegungen. Der Song »Der Kampf geht weiter« entsteht aus Anlass der Verhaftung des RAF-Anwalts Horst Mahler. Und »Keine Macht für Niemand« wird von Leuten aus dem Umfeld der Bewegung 2. Juni sogar direkt in Auftrag gegeben, wie sich Reiser 1995 in einer Talkshow erinnert:

> Und die kamen und sagten: Macht doch mal einen Song, wo die Leute danach schreiend auf die Straße rennen.

> Und das hab ich gemacht. Hab mich hingesetzt und kam eben darauf. Und die Auftragsproduktion wurde nicht abgenommen. Ich weiß, dass [Andreas] Baader dazu gesagt hat, es wär der vollkommene Schmarrn. Also das weiß ich. Aber Baader hat das ja nicht in Auftrag gegeben. Aber die andern, die Auftraggeber, waren auch nicht so begeistert davon.[7]

Auf die Platte kam das Lied trotzdem, sogar als Titelsong. Und hat ganz sicher über die Jahrzehnte bei mehr Menschen zur politischen Willensbildung beigetragen als alle bewaffneten terroristischen Aktionen zusammen.

Mit der wachsenden Popularität im gegenkulturellen Milieu häufen sich die Vereinnahmungsversuche. Die Linke umarmt die Scherben als ›Band der Bewegung‹, erwartet dafür aber Gegenleistungen. Beispielsweise in Form von Solidaritätskonzerten, für die es selbstverständlich keine Gage gibt, denn es geht ja um die gute Sache. Die Band reist im klapprigen Transporter durch Westdeutschland, tritt in Jugendzentren und an Universitäten auf, wo von der Wichtigkeit ihrer Anliegen überzeugte Veranstalter oft nur darauf warten, den Konzertbeginn durch endlose Theoriereferate immer weiter in den Abend zu verschieben. Das Bitten um Hilfe beim Auf- und Abbau fällt ebenso unter die Rubrik »Rockstar-Allüren« wie etwa der Kauf einer professionellen Soundanlage oder die Unterbringung der Band in einem Hotel. An guten Tagen betrachtet die Wohngemein-

7 Rio Reiser in der NDR Talkshow vom 28. 4. 1995: https://www.youtube.com/watch?v=scgse8HScMo (Letzter Zugriff am 10. 9. 2024; Zitat ab 5:25 Min).

schaft, die einen Schlafplatz zur Verfügung stellt, das Beziehen von Betten mit frischer Wäsche wenigstens nicht als zu überwindendes bourgeoises Ritual.

Schwerer aber wiegt die den Scherben angetragene Rolle als Sprachrohr linken Widerstands. »Man hat uns als eine Art politische Musicbox benutzt«, wird das Rio Reiser in einem späteren Interview umschreiben. Und: »Mir ist auf den Geist gegangen, daß uns dieses Polit-Image aufgedrängt wurde. Nach Konzerten von uns fühlte sich das Publikum praktisch dazu verpflichtet, ein Haus zu besetzen.«[8] Der erste Versuch, diese von Dogmatik und Selbstgerechtigkeit gespeiste Erwartungshaltung zu unterlaufen, findet sich bereits am Ende von *Keine Macht für Niemand.* Das Liebeslied »Komm schlaf bei mir«, das erst in letzter Sekunde aufs Album rutscht, weist voraus aufs Künftige. *Wenn die Nacht am tiefsten …* (1975), die dritte LP, setzt den eingeschlagenen Weg fort. Er führt nach innen. Mehr und mehr vermessen die Scherben auch das Private und suchen in ihm ein Modell, wie man leben kann. »Heut Nacht« durchglüht die Sehnsucht nach einem »andre[n] Glück«, das ganz nah erscheint, wenn die Luft nach Frühling und Benzin schmeckt. Als wär's ein Stück von Bruce Springsteens nur vier Wochen zuvor erschienenen Album *Born to Run*.

Das Cover von *Wenn die Nacht am tiefsten …* zeigt Band und Freunde am Mariannenplatz. Die einfallende Sonne funktioniert wie ein Weichzeichner, die Gesichter sind entspannt. Das Bild lässt nicht erahnen, dass es einen Mo-

8 Beide Zitate nach: Peter Felkel, »Zauberland ist abgebrannt«, in: *Musikexpress/Sounds* 10 (1996) S. 50.

ment einfängt, der keine Wiederholung mehr haben wird. Die ständige Konfrontation mit den Ansprüchen einer unerbittlichen Szene hat die Band ausgezehrt, dazu kommt die chronische Geldknappheit. Einmal haben sich die Scherben sogar schon aufgelöst, mitten in einem Konzert in Schwäbisch Gmünd.

Nun kehren sie Berlin den Rücken, um hoch im Norden noch einmal neu anzufangen. Letzter Ausweg Fresenhagen: »Wenn du so viel Kritik bekommst von allen Seiten, dann wird der Druck so stark, daß du nur noch sagst: Jetzt muss ich 'n klaren Kopf kriegen! Das war der Hauptgrund fürs Land, nicht, weil wir ›Land-Freaks‹ werden wollten.«[9]

An der dänischen Grenze beziehen die Scherben einen heruntergekommenen Hof. Die dringend nötigen Renovierungsarbeiten lassen anfangs weder Zeit für Tourneen noch für ein neues Bandalbum. Als es schließlich erscheint, sechs Jahre nach dem letzten, wirkt es wie eine Wortmeldung aus dichter Nacht. Als Bezeichnung für die anfangs noch titellose, später offiziell *IV* getaufte Doppel-LP wird sich »Die Schwarze« durchsetzen. Eine Anspielung nicht nur auf die Beatles und das monochrome Cover, sondern auch auf die sich vorschnellem Verständnis beharrlich entziehenden Songtexte. Reiser selbst steuert dieses Mal nur wenige bei. Die ganze Band soll in den kreativen Prozess involviert sein, nicht immer wirkt sich das positiv auf die Güte der Lyrics aus. Dann gehen falsch verstandener Dadaismus und Tarot-Esoterik eine schwer erträgliche Allianz

9 Zit. nach: Steve B. Peinemann, *Die Wut, die du im Bauch hast. Politische Rockmusik: Interviews, Erfahrungen*, Reinbek bei Hamburg 1980, S. 213.

ein. Reisers Beiträge aber zeigen, wie die neuen Scherbentexte gedacht waren: als unausdeutbare, schwarz romantische Fieberpredigten. »Der Turm stürzt ein« feiert die Zerstörung des selbst Errichteten als Befreiung. Und in »Jenseits von Eden« beschwört Reiser die Apokalypse lustvoll bis zur Atemnot.

Die Comeback-Tour im Frühjahr 1982 wird ein Desaster. Nicht musikalisch, da sind die Scherben vielleicht so gut wie noch nie. Aber die Planung ist dilettantisch, die Kalkulation stimmt nicht, und als die Kosten aus dem Ruder laufen, ist es längst zu spät. Die Band bleibt auf einem Schuldenberg sitzen, den sie nicht mehr abtragen kann. Es haut nicht mehr hin, eine ganz normale Rockband zu werden. Auch dann nicht, als der sagenumwobene Konzertveranstalter Fritz Rau die nächste Tour organisiert und mit »Lass uns 'n Wunder sein« eine Single erscheint, die mehr nach Hit klingt, als alles, was die Scherben bis dahin veröffentlicht haben.

»Ich fühl, ich fühl mich – tausend Jahre alt«, heißt es in »Wo sind wir jetzt«, dem Eröffnungsstück des letzten Albums von 1983, das *Scherben* heißt. Ratlosigkeit und Erschöpfung sind nicht zu überhören. Es ist vorbei, nicht nur wegen der Schulden. Auch der Mythos Ton Steine Scherben wiegt zu schwer. Wenn es nach den Fans geht, soll ihn die Band bis in alle Ewigkeit bedienen, soll von Hausbesetzungen und Anarchie singen, als ob keine Zeit seit 1970 vergangen wäre. »Was 'n Wetter / Was 'ne Nacht / Ist da / Noch jemand wach«, fragt Reiser im Schlusssong »Bist du's«. Aber eigentlich fragt er: »Bin ich's?« So gehen die Scherben auseinander. Im März 1985 spielen sie in Saarbrücken ihr letztes Konzert.

IV

Als es zuerst in einem Pressetext stand, war es noch als Witz gemeint: »Rio Reiser wird entdeckt«.[10] Ein Jahr später, nach Erscheinen der ersten Soloplatte, ist es die Wahrheit. Viele Nachgeborene wissen nichts oder fast nichts von Reisers Band-Vergangenheit. Sie hören *Rio I.* einfach als ein weiteres gelungenes Deutschrockalbum im auch sonst starken Deutschrockjahr 1986. Und an die anderen, jene, die schneller ›Ausverkauf‹ und ›Verrat‹ gerufen haben, als Reiser bei der CBS unterzeichnen konnte, wendet sich das Lied »Lass mich los«: »Lass mich los, lass mich los / Ich will nicht, dass ich bin, wie du willst, dass ich bin / Drum lass mich los«. Für den Fall, dass jemand die Botschaft nicht verstanden hat, gibt es noch eine etwas versteckte Version ohne Worte auf dem Plattencover – den Schattenriss eines ausgestreckten Mittelfingers. Dem Vernehmen nach ist es nicht des Sängers eigener.

Den Rundfunkstationen gehen die Argumente aus, warum sie die Lieder von Rio Reiser lieber nicht einsetzen wollen. Angesichts der Singles von *Rio I.*, allen voran »König von Deutschland«, lässt sich der alte Bannstrahl gegen vermeintlich linksradikales Liedgut nicht länger aufrechterhalten. Auch im Fernsehen sieht man Reiser nun des Öfteren, als Videoclip, manchmal sogar in Playback-Sendungen. Er betrachtet das Spiel nicht mehr von außen, er ist selbst daran beteiligt und auch bereit, die dafür nötigen Kompromisse einzugehen. Unter anderen bei der Produktion der Platte, für die maßgeblich Annette Humpe und Udo Arndt

10 Zit. nach: Nishen, *Ton Steine Scherben* (s. Anm. 2), S. 167.

verantwortlich sind. »Dass die Bassdrum ›Bumm‹ macht und die Snare ›Knall‹, also das muss dann eben sein, damit's nicht zu sehr aus dem Rahmen fällt.«[11]

Aus dem Rahmen fallen eher die Texte, vergleicht man sie mit der verregneten Schwermut der letzten Scherben-Platte und den Rätselstrophen der vorletzten. Reiser klingt wie von der Kette gelassen, ob er in »Menschenfresser« mit dem autoritären Charakter ausländerfeindlicher Biedermänner abrechnet oder sich in Liebesliedern wie »Für immer und dich« um Kopf und Kragen singt. Die Platte schließt mit »Bei Nacht«: ein Blick aus überwachen Augen aufs schlafende Deutschland, der sich unvermutet weitet, global wird, ehe er zurückkehrt in einen gerade begonnenen Tag, irgendwo zwischen Schwarzwald und Nordsee. Die Sonne scheint. Sie scheint auch auf Stammheim und Godesberg.

»Bei Nacht« verhehlt nicht, vor allem in den Anfangsstrophen, den Bezug auf »Kein schöner Land in dieser Zeit«. Man findet dieses Volkslied auch in einer von Tomi Ungerer illustrierten und 1975 erstmals bei Diogenes veröffentlichten Sammlung. Reiser erwähnt das *Große Liederbuch* 1987 in einem Interview mit dem *Musikexpress*:

> Das habe ich zuhause, steht bei mir aufm Klavier. Dann setz' ich mich manchmal ans Klavier und sing' »Am Brunnen vor dem Tore« oder »Wenn ich ein Vöglein wär«. […] Da sind schon meine Wurzeln. Damit bin ich

11 Rio Reiser in einem im Oktober 1988 für die DDR-Fernsehsendung *dramms* geführten Interview: https://www.youtube.com/watch?v=6iiLcK_ZLf4 (Letzter Zugriff am 10. 9. 2024; Zitat ab 5:56 Min.).

> aufgewachsen. Und ich hab' mich früher nicht getraut, solche Sachen zu machen. Ich konnte mich da nur ausleben, wenn ich Theatermusik gemacht habe. Aber mir ist das schon wichtig, das gehört auch dazu, zu den Roots.[12]

Ab dem zweiten Soloalbum *Blinder Passagier* (1987) häufen sich die intertextuellen Verweise auf Volkslieder, Märchen, Abzählreime, Zaubersprüche. Zudem nähern sich Reisers Texte oftmals nun selbst traditionellen Lied- und Lyrikformen an. So entstehen in seinem Werk nach und nach eine ganze Reihe *neuer* Volkslieder sowie Fortschreibungen bestimmter Gedichttypen. Dazu gehören Jahreszeitenlieder (»Der Sommer kommt«), Wiegenlieder (»Lass mich schlafen«), Idyllen (»Vier Wände«), Herbstgedichte (»Herbst«), Allegorien (»Blinder Passagier«), Seemannslieder (»Übers Meer«), Weihnachtslieder (»Stiller Raum«), Alltagsgedichte (»Zu Hause«) und Kriegslieder (»Der Krieg«). Sogar für schmachtenden Schlager ist Platz. Mit der italienischen Version von »Ich denk an dich«, die tatsächlich existiert und »Penso a te« heißt, hätte sich Reiser nicht einmal beim Festival in Sanremo blamiert.

Auch wenn die Soloplatten manchmal unter einem zu sehr auf Trends schielenden Sound leiden, verleiht ihnen diese Vielfalt der Sag- und Singweisen doch etwas Zeitloses. In »Alles« vom dritten, nur mit drei Sternchen benannten Album (1990) wendet sich Reiser seinem früheren Scherben-Ich zu, versöhnlich. Vielleicht ist der Traum ja gar nicht aus. »Alles, was ich sein will, kann ich sein / Ich kann

12 Zit. nach: Detlef Kinsler, »Der milde Meuterer«, in: *Musikexpress/Sounds* 12 (1987) S. 44.

alles sein, was ich will / Jeder Traum, jeder Traum, den ich träum / Wird wahr, wenn ich es will«.

Die Summe aus dem Alten und dem Neuen zieht die letzte Platte *Himmel & Hölle* (1995). Hatte Reiser zu Beginn seiner Solokarriere noch mit dem Image des Politrockers mit Patentlösungen zum Zeitgeschehen zu kämpfen, ist es nun längst schon der ins kollektive Gedächtnis eingewanderte Hit »König von Deutschland«, der sein öffentliches Bild prägt. »Hoffnung« weist beide Zuschreibungen zurück: »Da war ein alter Mann auf einem Thron / Alt wie der Mensch, müde und schwer / Er schaute mich an, doch seine Augen warn leer / Er rief: Nehmt mir die Krone ab, die mich erdrückt / Nehmt mir die Krone weg, nehmt sie zurück / Ich weiß, irgendwo ist da ein Licht / Doch ich kann euch nicht führn, denn ich weiß den Weg nicht«.

Himmel & Hölle zeigt Reiser noch einmal auf einem Höhepunkt seines Könnens. So hätte es weitergehen können. Aber es geht ja weiter. Das letzte Stück – »denn ein Happy-End sollte es schon geben«[13] – schafft es, auch die sich vereinen zu lassen, die sonst so viel trennt. Prinz und Prinzessin, Elfenbein und Ebenholz, Höxchen und Stöxchen. Es ist die Wahrheit der Märchen, dass sich alles doch noch fügt, dass die Menschen in Frieden zueinanderfinden können, die Reiser bis zum Ende nicht preisgeben will. »Am Schluss waren's viel mehr als hunderttausend Leut«, singt er in »Himmel und Erde«, »und wenn wir nicht gestorben sind, leben se noch heut«. Stimmt schon, allein machen sie dich ein.

13 Zit. nach: Booklet zum 2002 erschienenen Re-Issue von *Himmel & Hölle*. In Teilen online verfügbar: https://www.rioreiser.de/shop_detail.php?article_id=1&d=true (Letzter Zugriff am 10. 9. 2024).

V

Die bislang unveröffentlichten Texte, die Gert Möbius für diesen Band zur Verfügung gestellt hat, ergänzen die Lieder. In ihnen begegnet man metrisch gebundenen und gereimten, aber auch freien Versen, die in ihrer Verknappung an Tagebuchnotate oder Aphorismen erinnern. Allesamt sind sie Teil jener alltäglichen lyrischen Praxis, von der viele Weggefährten berichtet haben. Geschrieben wurde immer und überall, am liebsten in der Badewanne. Man liest von Müdigkeit und Einsamkeit; vom Wunsch, nach Hause zu gehen, und vom Werben um einen geliebten Menschen. Es gibt Anspielungen auf Bluessongs, auf Kirchen- und Kinderlieder. Manchmal scheint ein bestimmtes Stück ganz nah. »Tangotanzen« fügt gar »König von Deutschland« noch einige Ideen hinzu, die sich – den Politikern Gerald Ford und Leonid Breschnew sei Dank – aufs Jahr 1977 datieren lassen.

Trotzdem müssen diese Texte als Gedichte bezeichnet werden. Das unterscheidet sie von Reisers Lyrics, die ohne Ausnahme geschrieben worden sind, um gesungen, nicht um gelesen zu werden. Nur im mündlichen Vortrag und im Zusammenspiel mit der Musik entfaltet sich das in ihnen angelegte Bedeutungspotential vollständig. Nur dann hört man wirklich, *wie es gemeint ist*.

Eine Ausgabe wie die vorliegende verfolgt dagegen ein anderes Ziel. Sie ermöglicht es, Reisers Texte neu kennenzulernen – ohne die Interpretation durch die jeweilige Musik; ohne die Aura historisch gewordener Aufnahmen; und ohne den Mythos, der die Alben lange schon umgibt.

Um danach mit einer anderen Aufmerksamkeit zu den

Platten zurückzukehren und Rio Reisers Stimme zu hören. Diese Stimme, die wie keine andere um den Hörer werben und ihn gleichzeitig brüskieren konnte. Die sich zierte und die angriffslustig war, die heulte und schrie und dann wieder das Einverständnis suchte. Bei der es gar nicht auffiel, dass die Texte auf Deutsch verfasst waren, so sehr klang sie nach Rockmusik. Die auch noch heiser funktionierte.

Burglengenfeld, 27. Juli 1986, am späten Abend. Die letzte Zugabe beim 5. Anti-WAAhnsinnsfestival steht an. Rio Reiser hat im Vorfeld von der Angst vor diesem Moment gesprochen. Von der Angst, »dass alle dastehen und gemeinsam ›We Shall Overcome‹ singen«[14]. Alle, damit sind die bekanntesten deutschen Acts gemeint, die gemeinsam mit den 100 000 Menschen im Publikum in den letzten beiden Tagen gegen den Bau der Atom-Wiederaufbereitungsanlage im benachbarten Wackersdorf protestiert haben.

Doch es kommt anders. Keine Verbrüderungsszenen. Reiser setzt sich ans Klavier und singt allein und mit ramponierter Stimme »Over the Rainbow«, Judy Garlands Stoßgebet in Sachen Zukunft aus *The Wizard of Oz.* In der Menge sieht man Wunderkerzen und einen blauen Ballon. Nach dem Schlussrefrain hält Reiser kurz inne, und alles ist da, die Sehnsucht und die Hoffnung, der Glaube und der Trotz: »Ich sag es noch mal auf Deutsch – irgendwo hinterm Regenbogen gibt es ein Land, von dem ich gehört hab, irgendwann mal, in einem Wiegenlied.« Dann steht Rio Reiser auf, dreht sich um und geht von der Bühne.

14 Zit. nach: einem Interview, das das Berliner Prestige Journalistenbüro im Juni/Juli 1986 mit Rio Reiser geführt hat: https://riolyrics.de/artikel/id:61 (Letzter Zugriff am 10. 9. 2024).

»Halt dich an deiner Liebe fest«: Zu den Songtexten von Rio Reiser

von Gert C. Möbius

Mein Bruder Rio Reiser wurde als Ralph Christian Möbius 1950 in Berlin geboren. Mit seinem Künstlernamen »Rio Reiser« nahm er Bezug auf das literarische Werk *Anton Reiser* des Sturm-und-Drang-Dichters Karl Philipp Moritz aus dem 18. Jahrhundert.

Unsere Mutter war eine sehr eifrige Sammlerin der kleinen Reclam-Hefte. Ich habe sie alle noch, ob *Miles Gloriosus* von Plautus, *Nora*, *Tannhäuser* oder Kafka. Sie wäre bestimmt stolz gewesen, wenn es auch ein gelbes Büchlein zu ihrer Lebenszeit von ihrem Sohn gegeben hätte.

Die Texte Rios zu seinen Songs kamen bei ihm zeitlebens aus seinem tiefen Unverständnis zu dieser unserer ihm immer fremd gebliebenen Welt bzw. Realität. »Mamamama – warum hast du mich geborn / Oder hat mich der Esel im Galopp verlorn« (aus dem Song »Jenseits von Eden«). Er wollte nicht in den Kindergarten, Zitat Rio: »Ich will nicht essen, wenn alle essen, und ich will nicht mittags schlafen, wenn alle schlafen«. Später mussten meine Mutter und mein älterer Bruder Peter ihn oft in die Schule tragen. Auch in der Realschule in Fellbach bei Stuttgart fühlte er sich berufen, eine äußerst kritische Schülerzeitung zu gründen. Im Impressum steht: Chefredakteur: Ralph Möbius, Druck: Ralph Möbius, Herausgeber: Ralph Möbius. Und sein Blatt nannte er nach einem Gott der Azteken: *Quetzalcoatl*. Den Sportunterricht machte er grundsätzlich nicht mit, da ihm das alles zu militärisch vorkam. Später im Melanchthon-Gymnasium in Nürnberg, an dem auch schon mal Georg Wilhelm Friedrich Hegel Direktor gewesen war, träumte er zu häufig während des Unterrichts. Diese Tatsache erwähnte er nicht nur in einem Tagebuch, es stand auch in einem seiner Zeugnisse.

In der Adventszeit 1962 entschied sich Rio, ein weihnachtliches Krippenspiel zu komponieren. Die Aufführung kurz vor Weihnachten brachte ihm von der Schulleitung ein großes Lob ein, ab jetzt war er nicht mehr der Träumer, sondern ein würdiger Schüler an diesem humanistischen Gymnasium.

In einem seiner vielen Notizbücher habe ich am Rande folgenden handschriftlichen Text gelesen: »Als ich geboren wurde, dachte ich an nichts Böses«. Diese Bemerkung stammt, wenn ich das schnell hingeschriebene Datum richtig gelesen habe, aus dem Jahr 1972. Da war Rio 22 Jahre alt – und seine Band Ton Steine Scherben seit zwei Jahren bühnenfähig.

Ich will hier nicht nur über Rios Texte sprechen, vielmehr liegt es mir am Herzen, auch auf seine tiefe Empfindsamkeit hinzuweisen, die ich sehr früh bei ihm erlebt habe, nicht als »Psychoanalytiker«, sondern als sein Bruder und in gewisser Weise auch als sein Seelenverwandter.

Wenn Rio sich häufig in der Schule aus dieser Welt herausträumte, so war er aber stets voller Wachheit, wenn er, seiner Meinung nach, eine eklatante Ungerechtigkeit bei Lehrkräften, Eltern, Politikern und sonstigen Autoritäten zu entdecken glaubte. Und Rio konnte sehr gut zuhören, oft holte er sein stets vorhandenes Notizbuch aus der Tasche und schrieb das Gehörte mit.

Die Songtextzeilen wie z. B. »Ich will nicht werden, was mein Alter ist« stammen aus einer Unterhaltung mit seinem damaligen Kreuzberger Freund Raymund.

Diese Mischung aus Gehörtem, Gesehenem und Erspürtem war in vielen seiner Songs der empfangene Geistesblitz für seine unzähligen veröffentlichten und bisher unveröffentlichten Songtexte.

Tagebucheintrag Rio vom 15. Dezember 1972: »Abraxas ist ein Kater, er kann nicht sprechen, aber er versteht mich eher, als mich viele Menschen verstehen. Wer mit den Augen spricht, ist ehrlicher. Die Sünde kommt aus dem Mund!«

Rio schrieb viele Texte über Alltagssituationen, aber auch immer wieder Lieder zu gesellschaftlichen Problemen. Am eindringlichsten verstand er es, seine existentiellen Probleme mit der Liebe musikalisch und textlich zu artikulieren. Man denke an Songs wie »Halt dich an deiner Liebe fest«, »Für immer und dich«, »Junimond«, »Lass uns 'n Wunder sein« und viele, viele mehr, denn das scheinbar »Private« war bei Rio auch immer eine tolle kreative Motivation. Seine Freunde behaupten ja sogar, dass Rio geradezu die Liebeskrisen lebenswichtig für seine Kunst benötigte. Wenn es mal wieder so weit war, schloss er sich tagelang in seinem Zimmer ein, aß nur noch Tütensuppen und nahm auch das Telefon nicht mehr ab. Merkwürdigerweise lief sein Fernseher vor seinem Bett in dieser Trauerphase Tag und Nacht, und ich weiß von ihm selbst, dass er in diesem Zustand seiner seelischen Not sich oft die besten Songs ausdachte. Seine »Liebeslieder«, die oft über unerwiderte Liebe handeln, sind nie in einem tragischen Ton erzählt, sondern voller Hoffnung auf eine Veränderung zum Guten.

Rio hatte ein sehr weites Interessenspektrum aufzuweisen, er las die *Moderne Hausfrau* mit gleichem Interesse wie Lion Feuchtwanger, Karl May oder die Bibel. Und das Leben der Ameisen galt seiner gleichen Aufmerksamkeit wie eine RTL-Show der billigsten Sorte oder das Erstellen von Horoskopen für seine Freunde.

Wann immer der Song »Der Turm stürzt ein« gespielt wird, denken viele bei diesem Text an den Einsturz der Twin Towers 2001 in New York. Aber diesen Text hat mein Bruder bereits 1976 zu Papier gebracht.

Im Oktober 1988 trat Rio in der Ostberliner Werner-Seelenbinder-Halle auf. Bei dem Song »Der Traum ist aus« brach im Saal eine vorrevolutionäre Stimmung aus. Rio fragt in dem Lied, wo der Traum, den er gerade besungen hat, Wirklichkeit wäre, und er beantwortet sich diese Frage zuerst selbst mit dem Satz »Dieses Land ist es nicht …«, und daraufhin singen, schreien und trampeln an zwei Abenden jeweils 6000 Besucher, dass es einem heute noch kalt den Rücken runterläuft. – Ein Jahr später löste sich die DDR auf.

»Irrlicht« heißt der letzte Song von Rio vor seinem Tod 1996. Und ich muss immer wieder feststellen, dass er an Aktualität bis heute nichts verloren hat. Hier nun zum Schluss ein kurzer Textauszug:

»Da war ein Licht am Anfang der Welt / Ein Strahl, der die dunkelste Nacht erhellt […] //… Da war ein Wort am Anfang der Welt / […] / Das Wort war Liebe war das Wort […] // Und jetzt ist ein Irrlicht da / Wir sind verwirrt und sehn nicht mehr klar / Was ist gelogen, und was ist wahr / Die ganze Welt ist in Gefahr // Und das Irrlicht leuchtet und leuchtet hell / Wer hat dieses Licht da hingestellt?«

Register der Songtitel